U0805532

全国普通高等教育基础医学类系列配套教材

供基础、临床、预防、口腔、护理等医学类专业使用

人体寄生虫学实验教程

李　健　郭鄂平　主　编

科　学　出　版　社
北　京

内容简介

本书分为绪论、基本实验、基本验证型实验、综合提高型实验、科研创新型实验和病例分析六部分，并附有彩图，内容编排遵循由浅入深、由易到难、由基础到创新的原则，注重与临床实践相结合。同时，为进一步帮助医学生加深感性认识和启发临床思维，本书附有任课教师在日常教学、科研和门诊工作中积累的较为典型的图片和病例。本书在满足日常教学的同时，也能为指导医学本科生开展科研提供参考，兼有适用性、实用性和创新性。

本书适用于医学本科相关专业，也可选择性应用于医学专科和非医学专业的教学。

图书在版编目(CIP)数据

人体寄生虫学实验教程 / 李健，郭鄂平主编. —北京：科学出版社，2017.1
全国普通高等教育基础医学类系列配套教材
ISBN 978-7-03-050364-0

Ⅰ. ①人… Ⅱ. ①李… ②郭… Ⅲ. ①医学-寄生虫学-实验-高等学校-教材 Ⅳ. ①R38-33

中国版本图书馆 CIP 数据核字(2016)第 261505 号

责任编辑：闵 捷
责任印制：谭宏宇 / 封面设计：殷 靓

科学出版社 出版
北京东黄城根北街 16 号
邮政编码：100717
http://www.sciencep.com
南京展望文化发展有限公司排版
上海时友数码图文设计制作有限公司印刷
科学出版社发行 各地新华书店经销

*

2017 年 1 月第 一 版 开本：787×1092 1/16
2024 年 8 月第九次印刷 印张：6 1/4 插页：8
字数：129 000

定价：35.00 元

(如有印装质量问题，我社负责调换)

《人体寄生虫学实验教程》编辑委员会

主　编

李　健　郭鄂平

副主编

杨树国　朱名胜　杨　靖

编　委

（按姓氏笔画排序）

石海梅（湖北医药学院）
冯桂香（湖北医药学院）
朱名胜（湖北医药学院）
李晓花（东风医疗集团茅箭医院）
李　健（湖北医药学院附属人民医院）
杨树国（湖北医药学院）
杨　靖（湖北医药学院附属人民医院）
吴　凯（武汉市疾病预防与控制中心）
赵燕清（湖北医药学院）
郭鄂平（湖北医药学院）

前　言

人体寄生虫学(human parasitology)是一门研究与医学有关寄生虫及其与宿主关系的科学,主要研究寄生虫形态结构、生活活动和生存繁殖规律。作为病原生物学重要组成部分,人体寄生虫学是临床医学和预防医学的基础课程,同时也是联系基础与临床的桥梁课程。主要由医学原虫学(medical protozoology)、医学蠕虫学(medical helminthology)和医学节肢动物学(medical arthropodology)三部分内容组成,研究对象包括寄生原虫、蠕虫(吸虫、绦虫、线虫、棘头虫)和医学节肢动物。学习目的是为了预防、控制及消灭寄生虫所致人体寄生虫病,以及防治与疾病有关的医学节肢动物,保障人类健康。

实验教学是整个医学教育过程的重要组成部分,是培养合格医学人才的一个重要环节,它与课堂理论教学具有同等重要的意义。人体寄生虫学实验课是寄生虫学教学的重要组成部分,以观察标本和实验诊断技术操作为主。实验教学是关系到教学质量优劣的一个重要环节,是培养高质量医学人才的必由之路。《人体寄生虫学实验教程》是一本服务基础医学、临床医学、预防医学和科研的实验教材。本书编写的原则是以加快实用型、适用型及创新型医学本科人才培养为目标,强调学生观察能力、操作能力、运用能力和创新能力的培养。教材内容按照基本实验、基本验证型实验、综合提高型实验和科研创新型实验的顺序编写、排列,体现了操作技术由基本到验证,由综合应用到创新的过程。同时,为进一步帮助学生提高感性认识,加深印象,本教材还编写了21个病例并且插入教师在日常教学和科研中积累的较为典型的图片。本教材适用于临床、麻醉、影像、口腔、检验、药学、全科医学和生物科学等本科专业,兼顾护理本、专科的人体寄生虫学实验教学。同时,本教材也是指导本科生开展科研的参考书。

本书的出版得到了湖北医药学院各级领导、教务处及教材科的大力支持与帮助，在此表示衷心的感谢！在编写过程中，广泛征求了《人体寄生虫学实验教程》的主编和编委意见。限于编者水平和能力，在内容和安排上肯定有不少欠缺和错误，恳请广大同行和读者批评指正。谢谢！

主　编

2016 年 8 月 23 日

目　录

绪　论

随着社会经济的发展、全球文化的交流、人类生活的改善、行为方式的改变以及环境、气候的变化，人类感染性疾病的“病原谱”也在发生着变化，多重耐药性病原体的产生和新发病原体因子的出现，使人类仍面临着与病原生物斗争的严峻挑战。

人体寄生虫学实验是人体寄生虫学理论教学的重要组成部分，是寄生虫(原虫、蠕虫、医学节肢动物)感染疾病的主要诊断依据，也是培养学生实际操作、思维、科研和创新能力的基础。

一、实验目的与要求

通过实验，加深、巩固对理论内容的理解与记忆；学习、掌握人体寄生虫学的基本实验方法和操作技术；通过综合型和创新型实验设计的讨论和实验结果的分析，培养学生科学的态度、思维方法以及独立分析问题和解决问题的能力。病例分析做到了理论联系实际，为以后的临床工作奠定坚实的基础。

为了提高实验课效果，保证实验课质量，要求学生做到：

(1) 每次实习前必须做好预习，明确实验目的、原理、方法及操作中的注意事项等，避免和减少发生错误。

(2) 实验过程中必须持严肃认真的态度。每项实验要按步骤依次进行操作，并进行积极地思考，对示教内容要仔细观察并与有关理论密切联系。

(3) 如实记录，分析结果，得出结论。

(4) 独立或协同完成实验，书写实验报告要字迹清楚，语言简练，表格清晰，画图应力求反映实际标本的原状。

(5) 遵守实验室规则。

二、实验室规则

人体寄生虫学实验的对象为寄生虫与其宿主和媒介，教学活动涉及实验室生物安全。避免实验操作人员感染，防治实验室污染源泄露对环境和公众健康的威胁。同时，为培养学生严肃态度、严格作风、严密方法的科学工作习惯，保证实验的效果，在实验教学中应严格遵守实验室生物安全的规范：

(1) 书包、衣物等勿带入室内。实验必备的书籍、文具等应放置在非操作区，以免污染。

(2) 进入实验室应穿好隔离衣、戴好帽子和口罩。

(3) 保持实验室肃静和秩序，不得高声谈笑和随处走动。

(4) 实验室内禁止饮水、饮食和吸烟，不得用嘴舔湿铅笔和标签等。

(5) 认真进行各项实验，严格遵守无菌技术。

(6) 实验中发生差错或意外事故时，应立即报告教师及时处理。切勿隐瞒或自作主张不按规定处理。如发生有病原材料污染桌面、衣物等，应立即用抹布浸蘸2%～3%甲酚皂溶液(来苏儿)或5%苯酚溶液，覆在污染部位，经半小时后方可抹去。

(7) 易燃物品(酒精、二甲苯等)不准接近火源。一旦起火，应迅速用沾水的布类和沙土覆盖扑火。

(8) 要爱护室内仪器设备，按使用规则操作，不得随意拨动电器开关。显微镜用后要擦净，将各功能部件复位，登记使用情况后放入显微镜柜内。要节约使用实验材料，如不慎损坏了器材等，应报告教师进行登记。

(9) 实验完毕应整理桌面，关好水、电及煤气开关。

(10) 离开实验室前应洗手，必要时消毒液泡手，用自来水冲洗干净。轮流值日，值日生负责实验室的卫生，关好水电、门窗再行离去。

三、实验内容和方法

1. 电视录像 实验教学中，多安排有电视录像播放，规范的实验操作或临床标本检测技术有助于缺乏临床知识的学生理解和掌握实验技能。

2. 标本观察 寄生虫标本一般分为大体标本(福尔马林固定或浸制标本)、针插标本和玻片标本(包括封片标本和染色标本)。观察时应分别采用不同的方法：

(1) 大体标本：主要为较大的寄生虫虫体及其所引起的病理标本，可用肉眼或放大镜观察其形态、大小、颜色和结构或所致机体病理改变的特征。

(2) 针插标本：一般为昆虫标本，装在透明管中，用肉眼或放大镜观察，了解其外观基本结构特征。

(3) 玻片标本：一般为某些体积较小的寄生虫成虫、幼虫及蠕虫虫卵和原虫标本。一般观察方法为：

1) 寄生虫较大的虫体，用放大镜或体视显微镜(解剖镜)观察，或明视野显微镜观察(低倍镜下确定标本，移至视野中央，高倍镜观察其细微结构；原虫标本需用油镜观察)。镜检标本时，必须按如图0-1顺序(走“之”字型)仔细观察标本，上一个视野和下一个视野至少保证相切，以免影响被检结果的准确性。

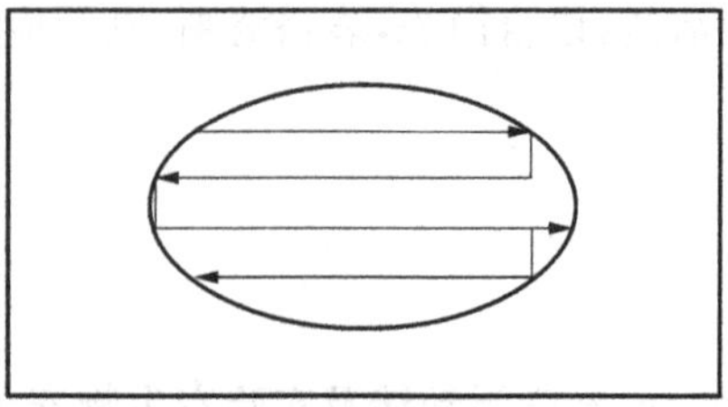

图0-1 顺序观察标本示意图

2) 观察标本时，适当调整显微镜聚光器的高度、光圈的大小和光源的强度，使物像清晰。

3. 污染物处理 实验过程产生的废弃物、玻片、标本和培养物等必须放入固定收集器或消毒缸中，由实验室管理人员集中处理，不得擅自丢弃或排入下水道。实验结束，只有未受到污染的物品才能带出实验室。

第一章

基本实验

一、显微镜的使用和保养

【实验目的】

(1) 掌握寄生虫学实验应用显微镜标本观察时的使用方法及注意事项。

(2) 了解显微镜的保养及维护。

【实验方法】

寄生虫学实验最常用的仪器是显微镜，学生应在生物学和组织胚胎学的学习基础上进一步熟练掌握显微镜的使用与维护，这是寄生虫学实验要求掌握的基本技能之一(图 1-1)。

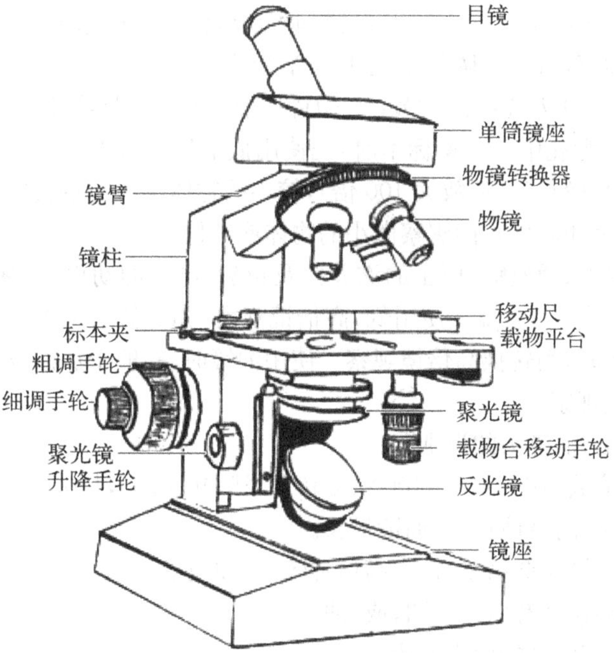

图 1-1　显微镜结构

1. 显微镜的使用　利用自然光源镜检时，最好利用朝北窗户的光源，不宜采用直射阳光；利用人工光源时，宜采用日光灯的光源。

镜检时身体要正对实验台，采取端正舒适的姿势，两眼自然张开，左眼观察标本，右眼记录、绘图。同时左手调节焦距，使物像清晰，右手移动标本视野或记录、绘图。

镜检时载物台不可倾斜，因为当载物台倾斜时，液体或油易流出，既损失了标本，又污染载物台，也影响检查结果。

镜检时应将标本按一定方向顺序移动视野，直至整个标本观察完毕，以便不漏检，不重复。

显微镜使用的重点为对光、接物镜的转换及光线的调节。观察寄生虫标本时，光线调节甚为重要。因为所观察的标本如虫卵、包囊等，均为自然状态立体的物体，有大有小，色泽有深有浅，有的无色透明，而且低倍、高倍接物镜转换较多，故须随着镜检时对不同标本的要求，需要随时调节焦距和光线，这样才能使观察的物像清晰。在一般情况下，染色标本光线宜强，无色标本或未染色标本宜弱；低倍镜观察光线宜弱，高倍镜观察光线宜强。

（1）对光：

1）将低倍接物镜转至镜筒正下方与镜筒成一直线。

2）拨动反光镜，调节至视野最亮无暗影。反光镜有平、凹两面，光源较强时用平面，较暗时用凹面，需要强光时，将聚光器提高，光圈放大；需要弱光时，将聚光器降低，或光圈适当缩小。

3）将待观察的标本置载物台上，转动粗调节器使镜筒下降至接物镜接近标本。于转动粗调节器的同时，须俯身在镜旁仔细观察接物镜与标本之间的距离。

4）左眼自接目镜观察，同时左手转动粗调节器，使镜筒徐徐上升以调节焦距，在视野内的物像看到时即停，再调微调节器，至标本清晰为止。

（2）接物镜的使用及光线的调节：显微镜一般具有 3 个接物镜，即低倍、高倍及油镜，固定于接物镜转换盘孔中。观察标本时，先使用低倍接物镜观察，此时视野较大，标本较易查出，但放大倍数较小（一般放大 100 倍），较小的物体不易观察其构造。高倍镜放大的倍数较大（一般放大 400 倍），能观察微小的物体或结构。

寄生虫的蠕虫卵、微丝蚴、原虫的滋养体及包囊、昆虫的幼虫，均使用低、高倍镜。组织细胞内的原虫，则使用油镜。使用低、高倍镜观察，如在低倍镜下不能准确鉴定所见的物体或其内部构造时，则转换高倍镜观察。使用油镜时，一般于加油滴后直接将油镜头浸入油滴中进行镜检观察。

（3）低倍、高倍、油镜头的识别：

1）标明放大倍数 10×，40×，100×或 10/0.25，40/0.65，100/1.30。

2）低倍镜最短，高倍镜较长，油镜最长。

3）镜头前面的镜孔低倍镜最大，高倍镜较大，油镜最小。

4）油镜头上端常刻有白色环圈，或“油”字。

（4）低倍镜换高倍镜的使用方法：

1）光线对好后，移动推进器寻找需要观察的标本。

2）如标本的体积较小，不能清楚查见其构造而不能确认时，则将标本移至视野中央，再旋转高倍接物镜于镜筒下方。

3）旋转微调节器至物像清晰为止。

4) 调节聚光器及光圈,使视野内的物像达到最清晰的程度。

(5) 油镜的使用方法:

1) 原理:使用油镜观察标本时,需滴加香柏油,因为油镜需要进入镜头的光线多,但油镜的透镜孔最小,这样进入的光线就少,物体不易看清楚。同时又因自玻片透过的光线,由于介质(玻片、空气、接物镜)密度(玻片:$n=1.52$,空气:$n=1.0$)不同而发生了折射散光,因此,射入镜头的光线就更少,物体更看不清楚。于是采用一种和玻片折光率相接近的介质如香柏油,加于标本与镜头之间,使光线不通过空气,这样射入镜头的光线这较多,物像就看得清楚。

2) 使用方法:① 将光线调节至最强程度(聚光器提高,光圈全部开放)。② 转动粗调节器使镜筒上升,滴香柏油 1 小滴(不要过多,不要涂开)于接物镜正下方的标本上。③ 转动接物镜转换盘,使油镜头位于镜筒正下方。④ 俯身镜旁侧面,在肉眼的观察下,转动粗调节器使油镜头徐徐下降浸入香柏油内,轻轻接触玻片为止。⑤ 慢慢转动粗调节器,使油镜头徐徐上升至以见到标本的物像为止。⑥ 转动微调节器,使视野物像达到最清晰的程度。⑦ 右手徐徐移动推进器,左手转动微调节器以观察标本。⑧ 标本观察完毕后,转动粗调节器将镜筒升起,取下标本片,立即用擦镜纸将镜头上的香柏油拭净。油镜头与香柏油接触后如视野黑暗,可能是镜头有油污,则需用擦镜纸蘸少许二甲苯,将镜头的油污拭除,再以干擦镜纸拭净。

(6) 注意事项:

1) 使用显微镜之前,应熟悉显微镜的各部名称及使用方法,特别应掌握识别三种接物镜的特征。

2) 寄生虫学实验中所观察的标本,大多数为无色或颜色较浅,因此,必须注意光线的调节。

3) 新鲜标本观察时,须另盖玻片,以免标本因蒸发而干燥变形或污染侵蚀接物镜,同时可使标本表面匀平,光线得以集中,有利于观察(图 1-2)。

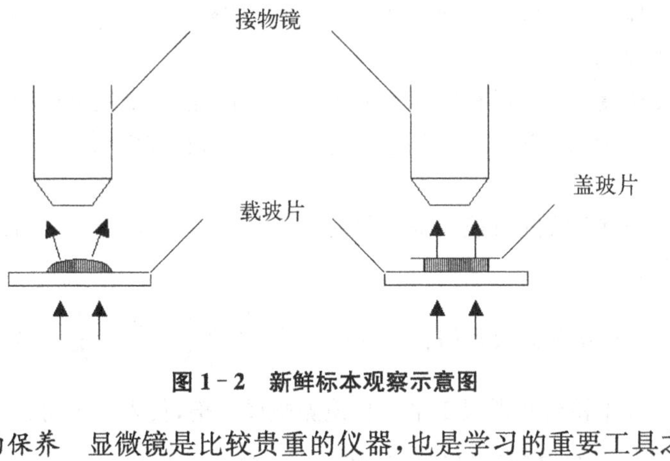

图 1-2 新鲜标本观察示意图

2. 显微镜的保养 显微镜是比较贵重的仪器,也是学习的重要工具之一,维护好十分重要。

(1) 在提取显微镜时,必须先将显微镜木箱锁好,以防显微镜从木箱中掉出砸坏。在携带过程中,须保持木箱平稳,以免显微镜在木箱内碰撞。

(2) 显微镜从木箱取出或装入箱内时,右手紧握镜臂,左手稳托镜脚。不要只用一只手提取,以防显微镜坠落,然后轻轻放在实验台上或装入木箱内。

(3) 显微镜在放到实验台上时,先放镜脚的一端,再将镜脚全部放稳,切不可使镜脚全面同时与台面接触,这样震动过大,透镜和微调节器的装置易受损害。

(4) 显微镜须经常保持清洁,勿使油污和灰尘附着。如果透镜部分不洁时,用擦镜纸轻擦。如有污迹,先将擦镜纸蘸少许二甲苯拭去油污,再用干净擦镜纸将镜面的二甲苯拭去。

(5) 显微镜不能在阳光下曝晒和使用。

(6) 接目镜和接物镜不要随便抽出和卸下,必须抽取接目镜时,须将镜筒上口用净布遮盖,避免灰尘落入镜筒内。更换接物镜时,卸下后应倒置在清洁的台面上,并随即装入木箱的置放接物镜的管内。

(7) 显微镜用完后,取下标本片,将聚光器降下,再将两个接物镜转成“八”字形,转动粗调节器使镜筒下降,以免接物镜与聚光器相碰。

(8) 显微镜应放在干燥的地方,以防透镜生霉。

二、测微尺的使用

测量镜下标本要用测微尺(micrometer)。测微尺分目镜测微尺和镜台测微尺,两尺配合使用。目镜测微尺是一块圆形玻片,中央刻有一尺,长 5～10 mm,分成 50～100 格。每格的实际长度因不同物镜的放大率和不同镜筒长度而异。镜台测微尺是在一块载玻片中央,用树胶封固一圆形的测微尺,长 1 或 2 mm,分成 100 或 200 格,每格实长 0.01 mm (10 μm)。当用目镜测微尺来测量标本的大小时,必须先用镜台测微尺核实目镜测微尺每一格的长度。方法如下:

(1) 卸下目镜的上透镜,将目镜测微尺刻度向下装在目镜的焦平面上,再旋上目镜的上透镜。

(2) 将镜台测微尺刻度向上放在镜台上夹好,使测微尺分度位于视野中央。调焦至能看清镜台测微尺的分度。

(3) 小心移动镜台测微尺和转动目镜测微尺(如目镜测微尺分度模糊,可转动目镜上透镜进行调焦),使两尺左边的一直线重合,然后由左向右找出两尺另一次重合的直线(图 1-3)。

(4) 记录两条重合线间目镜测微尺和镜台测微尺的格数。按下式计算目镜测微尺每格等于多少微米:

$$\text{目镜测微尺每格长度}(\mu\text{m})=\frac{\text{镜台测微尺的格数}}{\text{目镜测微尺的格数}}\times 10$$

例如,图 1-3 中镜台测微尺 1 格=目镜测微尺 6 格,代入公式得:

$$\text{目镜测微尺每格长度}=1/6\times 10\ \mu\text{m}=1.66\ \mu\text{m}$$

(5) 取下镜台测微尺,换上需要测量的玻片标本,用目镜测微尺测量标本。

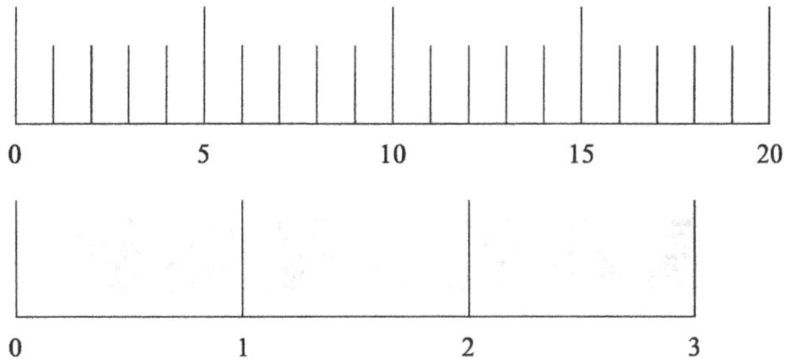

图 1-3　测定目镜测微尺每格实长的图解

上尺：目镜测微尺；下尺：镜台测微尺

三、体视显微镜的使用

体视显微镜能获得立体感觉，其原理是由于通过两个目镜对物体从不同的方向在人眼的视网膜上形成不同的像而产生的。本显微镜具有倾斜成 45°的双筒，通过双筒可以观察到宽广视场中正立的具有立体感的物象。其中右侧目镜筒上有视度调节圈的位置，如观察双眼视度具有差异，可以先调节显微镜使左眼成像清晰，然后旋转右侧视度调节圈至右眼成像清晰。双筒可以在一定角度内相对地转动以适应工作者两眼间距离。本显微镜的工作距离为 100 mm，在显微镜身两侧有手轮可转动，利用它的转动可在不变更工作距离情况下更换显微镜放大倍数。显微镜总放大倍数的读数，在使用 25×目镜观察时，以右侧倍数盘上数字为准，而使用 6.3×目镜时，则以左侧倍数盘上的数字为准。

四、手持放大镜的使用

单片手持放大镜的倍数是 3～5 倍，焦距较短。观察标本时，一手拿放大镜，一手拿标本，将放大镜对准标本，置于左或右眼前，再移动标本或放大镜，直到看清楚。

五、其他仪器器材的使用和保养

除以上介绍的仪器以外，寄生虫学实验课用的器材尚有许多，在此我们不一一赘述，每次实验课辅导教师将向你们介绍，这里仅将这些仪器、器材分类别略作一些使用原则的介绍。

1. 玻璃仪器、器材　使用时轻拿轻放，防止破碎，用毕应清洗干净、晾干、烘干以防生霉。

2. 金属仪器、器材　勿接触或少接触酸性、碱性物品，用毕应洗刷、擦净、晾干、烘干以防腐蚀生锈。

（杨　靖　郭鄂平）

第二章

基本验证型实验

第一节 医学蠕虫

一、线虫

（一）似蚓蛔线虫（蛔虫）

似蚓蛔线虫（*Ascaris lumbricoides*）简称蛔虫，寄生于小肠，虫卵随粪便排出，在外界发育为感染期卵，被人误食后，幼虫在小肠孵出，钻入肠壁血管，随血流至肺，继而又到达小肠才发育为成虫。人感染后可以无明显症状，或有呼吸器官炎症及肠功能障碍，成虫有钻孔、扭结成团的习性，可引起严重的并发症。

【实验目的】

（1）掌握蛔虫受精卵、未受精卵及感染性卵的形态特点；粪便直接涂片法。

（2）熟悉蛔虫成虫、脱蛋白膜蛔虫卵的基本形态特征。

（3）了解蛔虫病理标本。

【实验材料】

1. 标本　蛔虫雌雄成虫液浸标本、蛔虫雌雄成虫解剖标本、胆道蛔虫症病理标本、蛔虫性肠梗阻病理标本、蛔虫卵悬混液。

2. 其他　显微镜、载玻片、盖玻片。

【实验方法】

1. 形态观察

（1）未受精蛔虫卵：呈长椭圆形，大小为（88～94 μm）×（39～44 μm），有时其形状不甚规则，棕黄色，卵壳及蛋白质膜均较受精卵薄，卵内充满大小不等的折光颗粒（彩图 1）。

（2）受精蛔虫卵：用混合虫卵悬液作涂片，镜检蛔虫卵。轻摇滴瓶，吸一小滴混合物，在载玻片上涂开后，先在低倍镜下观察，找到虫卵后，再转高倍镜下仔细观察。虫卵类圆形，大小为（45～75 μm）×（35～50 μm）（在蠕虫卵中属中等大小），卵壳厚而透明，壳外附有一层凹凸不平的蛋白质膜，被宿主胆汁染成棕黄色，也有蛋白质膜脱落者，卵内有一个大而圆的卵细胞，卵细胞与卵壳两端之间可见新月形空隙（彩图 2）。

(3) 脱蛋白质膜蛔虫卵：受精卵及未受精卵排出体外后，有时其外面的蛋白质膜已脱落，此时虫卵无色透明，观察时应与其他虫卵相鉴别(彩图 3)。

(4) 感染性蛔虫卵：受精卵在外界发育，卵细胞不断分裂，最后发育成为一条线形幼虫，曲折于卵壳内，形状种种不一(彩图 4)。

(5) 雌雄成虫液浸标本：圆柱形，形似蚯蚓，活时呈粉红色，死后呈灰白色，两端较细，体表光滑而有细横纹。雌虫较大，尾端尖细而直；雄虫较小，尾端向腹面卷曲，末端有 1 对镰刀状的交合刺。虫体前端有“品”字形排列的唇瓣，唇瓣内缘具细齿，侧缘各有小乳突 1 对，为感觉器官。腹面有肛门(尾端)及雌虫阴门(虫体前 1/3 与中 1/3 交界处)的开口。虫体两侧各有一条侧线(彩图 5)。

(6) 雌雄成虫解剖标本：① 肠管为一直管；② 生殖器官：细长如线，迂回盘曲。雌性生殖器官为双管型：由卵巢、输卵管、子宫、阴道和阴门等组成。近端为子宫，两侧子宫会合为阴道，远端为卵巢游离在原体腔内。雄性生殖器官为单管型：由睾丸、储精囊、输精管、射精管和交合刺等组成。游离端为睾丸。

(7) 病理标本：

1) 胆道蛔虫病：可见蛔虫钻入胆道、胆囊，严重的可见钻入肝脏(彩图 6)。

2) 蛔虫性肠梗阻：蛔虫扭结成团，完全或部分阻塞肠道(彩图 7)。

2. 病原检查　粪中查见虫卵或虫体为确诊依据。

【实验结果】

描绘受精蛔虫卵和未受精蛔虫卵图，并注明各部名称及放大倍数。

思考题

(1) 确诊蛔虫感染的依据是什么？

(2) 粪便检查是否可以诊断所有蛔虫感染？

(3) 便后不洗手污染蛔虫卵再经口食入会不会引起蛔虫感染？

(4) 试述蛔虫病流行范围广、感染率高的原因。

(5) 试述似蚓蛔线虫对人体危害及防治措施。

(二) 毛首鞭形线虫(鞭虫)

毛首鞭形线虫(*Trichuris trichiura*)简称鞭虫，世界性分布。成虫寄生于人体盲肠，虫卵随粪便排出，在外界发育为感染期卵，被人吞食后，在小肠内幼虫孵出，移行至盲肠发育为成虫。

【实验目的】

(1) 掌握鞭虫卵的形态特征。

(2) 了解鞭虫成虫的形态。

【实验材料】

1. 标本　鞭虫成虫液液浸标本、鞭虫卵悬混液。

2. 其他　显微镜、载玻片、盖玻片。

【实验方法】

1. 形态观察

(1) 鞭虫卵：用患者粪便或虫卵混悬液作涂片，在低、高倍镜下观察虫卵形态。鞭虫卵的形状似腰鼓，虫卵较小，大小为(50～54 μm)×(22～23 μm)，黄褐色，卵壳较厚，在卵的两端各有一透明塞状突起，从粪便排出的新鲜虫卵内含有一个尚未分裂的卵细胞(彩图 8)。

(2) 鞭虫成虫液浸标本：可直接用肉眼观察成虫的外部形态特征，鞭虫形似马鞭状，虫体的前部细长，约占虫体的 3/5，后部较粗，灰白色，雌虫较长，尾端不弯曲，雄虫较短，尾向腹面作 360°卷曲，有交合刺一根(彩图 9)。

(3) 病理标本：鞭虫寄生于大肠肠壁(注意鞭虫的寄生方式)。

2. 病原检查 ① 饱和盐水漂浮法；② 加藤厚涂片法。

【实验结果】

描绘鞭虫卵图，并注明各部名称及放大倍数。

思 考 题

鞭虫和蛔虫的生活史有何异同?

(三) 蠕形住肠线虫(蛲虫)

蠕形住肠线虫(*Enterobius vermicularis*)简称蛲虫，寄生于人体盲肠、结肠及阑尾，雌虫在肛周产卵，适宜条件下很快发育为感染性虫卵，可自体反复感染和异体感染。

【实验目的】

(1) 掌握蛲虫卵的形态特征和成虫的外形特征。

(2) 熟悉肛门拭子法检查蛲虫卵的原理和操作方法。

【实验材料】

1. 标本 蛲虫成虫染色玻片标本、蛲虫卵玻片标本、蛲虫卵悬混液。

2. 仪器 离心机。

3. 其他 透明胶纸带、生理盐水、棉签、玻璃离心管、吸管、显微镜、载玻片、盖玻片。

【实验方法】

1. 形态观察

(1) 蛲虫卵：用蛲卵悬液直接涂片低倍镜下观察可见虫卵呈无色透明，两侧不对称，一侧扁平，一侧稍凸，大小为(50～60 μm)×(20～30 μm)。高倍镜下清楚地见到卵壳较厚(与钩虫卵比较)，刚产出的卵内含一蝌蚪期胚胎，经短时发育即为含幼虫卵(彩图 10)。

(2) 蛲虫成虫液浸标本：患者经驱虫后由粪便中收集雌、雄成虫或当感染的儿童入睡时在肛门周围取得活的雌性蛲虫，保存于 5%福尔马林中。成虫可用肉眼直接观察，其虫体细小，乳白色，雌虫长约 1 cm，体中部因内含充盈虫卵的子宫而较宽，尾端长而尖细。雄虫较小，长 3～5 cm，虫体后端向腹面弯曲(彩图 11)。

(3) 蛲虫成虫染色标本：注意仅用低倍镜观察，虫体前端的角皮膨大形成头翼。食管末端有一明显膨大，呈球形，称食管球(彩图 12)，为本虫的鉴别要点，子宫内充满虫卵，尾尖细，约为体长的 1/3。

2. 病原检查　在肛周查见虫卵或虫体为确诊依据。

3. 技术操作　肛门拭子法查虫卵（示教）。

（1）透明胶纸法：

1）原理：蛲虫成熟交配后，雌虫多于夜间移行至宿主肛门外，在肛周和会阴部皮肤及其皱褶处产卵，故利用胶纸黏取肛周皮肤上物质易于检出虫卵。

2）方法：将透明胶纸剪成长 3 cm、宽 2 cm 之长条，一端向胶面折起约 1 cm，并把胶纸贴在载玻片上待用。检查时，揭起胶纸，中部顶压舌板一端，在肛周皮肤上黏取，然后将胶面平铺于载玻片上，置显微镜下观察。

3）注意事项：① 清晨起床后，在未排便之前检查；② 胶纸与玻片之间有许多气泡时，镜检前可揭起胶纸，在玻片上可加一小滴生理盐水或清水，然后将胶纸平铺在玻片上，并排出胶纸下的气泡后再观察。

（2）棉签拭子法：

1）原理：利用湿棉签对肛周虫卵有黏附作用。

2）方法：棉签浸湿生理盐水，将多余的水分在管壁上挤掉，用此棉签在受检者肛周皮肤上拭取，然后放入盛有生理盐水的试管中，用力振荡，使棉签上的虫卵落下沉于试管底部。沉淀后，吸取沉渣置载玻片上，用显微镜观察。此法检出率比透明胶纸法略低，但此法尚可将拭取后的棉签置于试管中，加少量饱和盐水，用力振荡，取出棉签，再按饱和盐水漂浮法进行检查。

3）注意事项：同透明胶纸法。

【实验结果】

描绘蛲虫卵图，并注明各部名称及放大倍数。

思考题

（1）为什么蛲虫病诊断不用粪便检查？

（2）在肛门拭子检查中未发现蛲虫卵时，还有什么办法？

（3）确诊蛲虫感染，除查虫卵之外，还可查什么？

（4）综合生活史，阐明蛲虫病病原学诊断方法及其应用时的注意事项。

（四）十二指肠钩口线虫和美洲板口线虫

钩虫成虫寄生在人体小肠内，虫卵随粪便排出，在适宜条件下孵出杆状蚴并发育至丝状蚴，丝状蚴具感染性，可钻入人体皮肤而引起感染，传播途径与鲜粪施肥及耕作方式有关。幼虫随血流至肺，再到小肠而发育为成虫。十二指肠钩口线虫（*Ancylostoma duodenale*）与美洲钩口线虫（*Necator americanus*）的成虫形态有显著差别，而虫卵却非常相似。

【实验目的】

（1）掌握钩虫卵的形态特征；两种钩虫口囊的形态结构；粪便直接涂片法、饱和盐水漂浮法和钩蚴培养法。

(2) 熟悉两种钩虫成虫形态的鉴别要点。

【实验材料】

1. 标本　两种钩虫成虫液浸标本、两种钩虫成虫口囊玻片标本、钩虫卵悬混液。

2. 实验仪器　0.1 mL 容积粪便定量器、培养箱。

3. 其他　竹签、生理盐水、漂浮瓶、滴管、饱和盐水、显微镜、载玻片、盖玻片。

【实验方法】

1. 形态观察

(1) 钩虫卵：用混合虫卵悬液或取新鲜粪便作直接涂片，镜检钩虫卵。观察时光线不要太强，两种钩虫卵形态相似，难以区别。钩虫卵为椭圆形，大小为(56～76 μm)×(36～40 μm)，壳薄，无色透明，内含 2～8 个卵细胞，若患者便秘或粪便放置过久，虫卵细胞可继续分裂为多细胞期，有时可见桑椹期甚至含蚴卵。卵壳与细胞间有明显空隙(彩图 13)。

注意钩虫卵的大小、外形、颜色、卵壳及内容物与脱蛋白膜的蛔虫卵的区别。

(2) 两种钩虫成虫液浸标本：虫体小型，乳白色，雌虫长约 1 cm，尾端钝圆。雄虫较小，尾端膨大成伞形。两种钩虫虫体弯曲情况不同，可作为虫种鉴别特征之一。十二指肠钩虫前端与身体弯曲一致，似“C”字形(彩图 14)；美洲钩虫前端与身体弯曲相反，似“S”字形(彩图 15)。

(3) 两种钩虫成虫口囊玻片标本：显微镜观察十二指肠钩虫口囊腹侧具有两对钩齿(彩图 16)，美洲钩虫口囊腹侧具有 1 对板齿(彩图 17)。

2. 病原检查　在粪中查见虫卵或培养出钩蚴或从痰中查见钩蚴为确诊依据。

3. 技术操作

(1) 直接涂片法：粪便生理盐水直接涂片法为最常用的粪检方法。

1) 原理：将粪便涂成薄片，借助显微镜观察病原体。

2) 方法：取一清洁载玻片，在玻片中央滴生理盐水 1～2 滴，用牙签挑取火柴头大小的粪便，在生理盐水中混匀，摊开呈直径为 1～2 cm 的薄膜状，置显微镜下观察。先在低倍镜下观察，发现可疑物再转高倍镜观察，观察完毕后，将玻片放于消毒缸中。

3) 注意事项：① 涂片须在玻片中央，约占玻片面积的 1/2，四周留出一定的空隙，以防污染手和显微镜台；② 涂片须均匀，不宜过厚或太薄，以将玻片置书本上透过涂片时能辨别书上的字迹为宜；③ 镜检时必须先低倍镜，后高倍镜，光线要适当，一般所用的光线较暗些为佳。总之，以所要见的标本最清晰为宜；④ 观察结果应按一定顺序，以免遗漏；热天要注意观察的速度，以防粪膜干燥，影响结果的观察；⑤ 检查粪便时，通常在粪便的三处不同部位取样制成三张涂片检查；⑥ 检查血吸虫卵时，须在成形的粪便表面及有血或黏液处取材，阳性率可大大提高；⑦ 检查溶组织内阿米巴滋养体时，粪便标本应新鲜，最好于排出后 15～30 min 内即行检查，并应在有血和黏液部位挑取；⑧ 粪便标本必须放于干净纸盒内或其他干净容器内，不可有药物或其他杂物污染。

4) 优缺点：此法所需器材最简单，方便易行，立即得出结果。但粪便取材少，易漏诊。

(2) 饱和盐水漂浮法：为诊断钩虫病的首选方法(图 2-1)。

1) 原理：利用比重较大的饱和盐水(比重 1.20)，使比重较小的虫卵，特别是钩虫卵(比重约为 1.06)较轻，置于饱和盐水内即上浮，收集上浮物检查，可以提高检出率。

2）方法：用竹签分别从粪便的各部位挑取蚕豆大小的粪便一块（约 1 g）置于含少量饱和盐水的漂浮瓶中，调匀后除去粪中的粗渣，再缓慢加入饱和盐水至液面略高于瓶口但不溢出为止，再在瓶口覆盖一张载玻片，静置 15 min 后，将载玻片提起并迅速翻转，防止玻片上液体滴落，立即镜检。

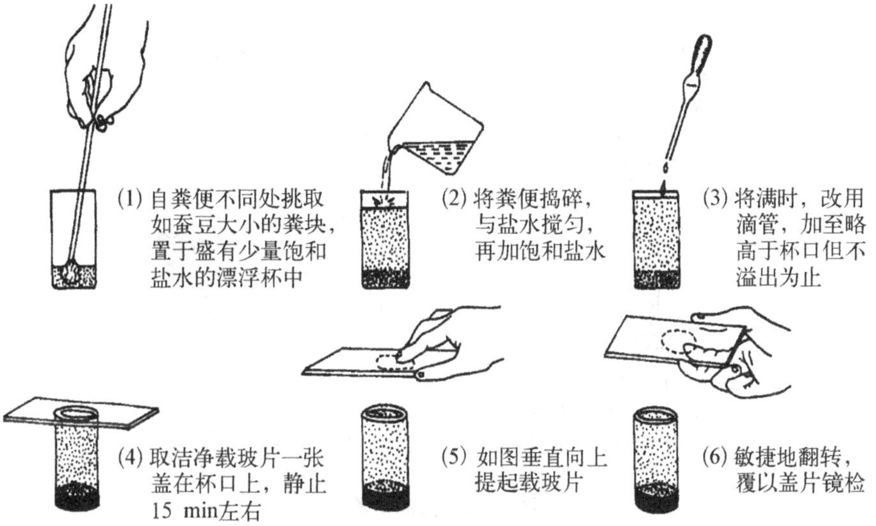

图 2－1 饱和盐水浮聚法

3）注意事项：须将粪便充分捣碎，使虫卵得以上浮，加饱和盐水时，在使液面接触玻片，既不外溢，又不留气泡。

4）优缺点：此法为检查钩虫卵较好的方法，操作简便，检出率高，即使粪便中含有少量虫卵亦容易发现，而且亦适用于蛔虫卵和鞭虫卵的检查，但检查比重大的虫卵及吸虫卵不适用。

（3）钩蚴培养法：此法在无显微镜条件下或需作虫种鉴定时使用（图 2－2）。

1）原理：根据钩虫卵发育须在适宜的条件下，即温度 25～35℃，相对湿度 60％～80％，空气充足，3 d 后，钩蚴即可在卵内发育形成，并脱壳而出，利用钩蚴趋湿性，使孵出的钩蚴集中于小试管底部的水中，以便观察。

2）方法：取 1 cm×10 cm 试管一支加入冷开水约 1 mL，将滤纸剪成与试管等宽但较试管稍短的“T”字形纸条，横条部分用铅笔书写受检者姓名或编号，取混匀的粪便约蚕豆大小（0. 2～0. 4 g），均匀地涂在纸条的上 2/3 部分，将纸条插入试管，下端浸入水中，但不要接触水底，同时注意勿使粪便混入水中，加塞塞紧置于 20～30℃条件下培养。培养过程中必须注意补充管内蒸发掉的水分，3 d 后用肉眼或放大镜检查试管底部水中有无钩蚴。钩蚴在水中虫体透明，作蛇形游动。如为阴性，应继续培养至第 5 日；如气温太低，可将培养管放入温水（30℃左右）中数分钟后，再行检查。如需作虫种鉴定，可吸取培养管底部的沉淀物滴于载玻片上镜下观察。

3）注意事项：观察时应在适宜的光线下，并应与纸纤维鉴别。

4）优缺点：此法简便经济，不需要显微镜，阳性率较高，并可用来收集钩蚴以鉴定虫种，适用于大规模钩虫病的普查，但需时较久，不能立即做出诊断。

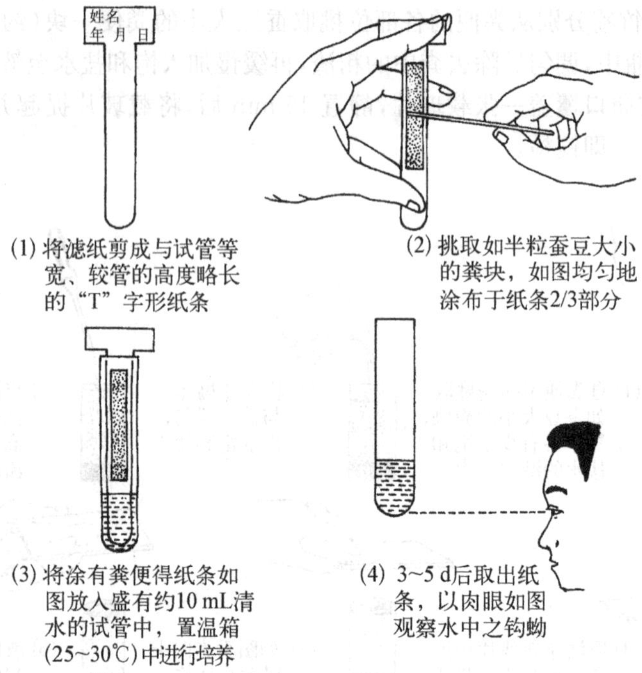

图 2-2 钩蚴培养法

(4) 小管浮集虫卵计数法：此法简便，常用于测定钩虫在人体内的感染度。

1) 原理：除粪便定量和虫卵计数外，其原理同饱和盐水浮集法。

2) 方法：定量取粪便 0.1 mL 于小管中，加少量饱和盐水调匀，再加满饱和盐水，覆以盖玻片，静止 15 min，翻片镜检，记录盖玻片上全部虫卵数。重复 3 次，得 3 次虫卵数的均数乘以 10，再乘以粪便性状系数，便是每毫升粪便虫卵数(1 mL 粪便量约相当于 1 g)。粪便性状系数：成形便为 1，半成形便为 1.5，软湿便为 2，粥样便为 3，水泻样便为 4。

3) 注意事项：① 定量要准确；② 其他同饱和盐水浮聚法。

(5) 改良加藤厚涂片法：常用于各种蠕虫卵的定量检查。检查钩虫卵时，应避免透明时间过长。

(6) 钩蚴培养计数法：在粪便定量基础上作钩蚴培养法。

(7) 感染度计算方法：在已检测的每克粪便虫卵数(EPG)基础上进行。

1) 按以下公式计算出蠕虫成虫数：

$$寄生蠕虫数=\frac{EPG\times 一天粪便克数}{该种雌虫每天产卵数}$$

2) 按表 2-1 中标准确定感染度。

表 2-1 钩虫感染度的划分标准

感染程度	微 度	轻 度	中 度	重 度	超重度
成虫寄生数(条)	1~25	26~100	101~500	501~1 000	1 001~3 000
每克粪便虫卵数(EPG)	<2 000		2 100~11 000		>11 000

【实验结果】

描绘钩虫卵图，并注明各部名称及放大倍数。

思考题

(1) 粪便检查钩虫卵时为何常见到多细胞期的卵？

(2) 钩虫对人体有何危害？

(3) 诊断钩虫感染，除粪便检查虫卵之外，还有何种检查？

(4) 诊断钩虫病的粪检方法有哪些，各有何优缺点？

(5) 如何计算 EPG 和评定钩虫的感染度？

(6) 哪些生产过程可能引起钩虫病流行，如何防治？

(五) 旋毛形线虫(旋毛虫)

旋毛形线虫(*Trichinella spiralis*)简称旋毛虫，其成虫和幼虫寄生在同一宿主体内，不需在外界发育。成虫寄生在猪、鼠等动物小肠内，幼虫寄生在横纹肌内，人因生食或半生食含有活幼虫的肉类而感染，在小肠内发育为成虫。雌虫产出幼虫经血液循环散布于全身组织，但幼虫仅在横纹肌内发育形成囊包。

【实验目的】

(1) 掌握旋毛虫幼虫囊包的形态特点和病原学诊断方法。

(2) 熟悉旋毛虫的生活史。

【实验材料】

1. 标本　旋毛虫幼虫囊包活体标本、旋毛虫幼虫囊包染色标本。

2. 其他　显微镜、载玻片、盖玻片。

【实验方法】

1. 形态观察

(1) 肌肉幼虫：

1) 旋毛虫幼虫囊包活体标本：将感染有旋毛虫的小鼠杀死，剪取约米粒大小肌肉数块，置于载玻片上，覆以另一载玻片，两载玻片用力挤压后，置显微镜下观察。可见梭形囊包，内含 1～2 条幼虫，大小(0.25～0.5 mm)×(0.21～0.42 mm)，盘曲数周，前端在中央。

2) 旋毛虫幼虫囊包染色标本：镜下观察在肌肉中的幼虫囊包(彩图 18)。

(2) 旋毛虫成虫染色标本：虫体细长，雄虫大小为(1.4～1.6 mm)×(0.04～0.05 mm)，雌虫为(3～4 mm)×0.06 mm。食管由长串细胞组成。两性成虫的生殖器官均为单管形。

2. 病原检查　在肌肉组织中查见幼虫为确诊依据。

3. 免疫诊断　常用肌蚴抗原作 ELISA 和环蚴沉淀试验来辅助诊断旋毛虫病或旋毛虫感染，由于旋毛虫肌蚴成分中含有较多的与其他寄生虫交叉的抗原，故应注意其出现假阳性反应。

4. 技术操作

(1) 活组织检查法：以实验感染的小白鼠作肌肉活检，可采用压片法、人工消化沉淀法。

(2) 环蚴沉淀试验：为较理想的免疫诊断方法。

【实验结果】

描绘旋毛虫幼虫囊包的形态，并注明各部名称及放大倍数。

思考题

(1) 简述旋毛虫生活史的基本过程。

(2) 旋毛虫成虫和幼虫在人体的寄生部位？

(3) 旋毛虫病的实验室诊断方法有哪些？

(4) 试述旋毛虫的致病过程及主要症状。

(六) 班氏吴策线虫和马来布鲁线虫(丝虫)

班氏吴策线虫(*Wuchereria bancrofti*，简称班氏丝虫)及马来布鲁线虫(*Brugia malayi*，简称马来丝虫)寄生在人体淋巴系统内，雌雄虫交配后，产出微丝蚴，周期性地出现于周围末梢血液内，在中间宿主(蚊)体内发育为感染期幼虫后，通过蚊的叮刺经皮肤使人感染。班氏丝虫与马来丝虫形态大体相似而微丝蚴有显著不同。

【实验目的】

(1) 班氏丝虫及马来丝虫微丝蚴的基本形态；微丝蚴的检查方法。

(2) 熟悉丝虫的生活史及致病情况。

【实验材料】

1. 标本　丝虫成虫液浸标本、班氏丝虫微丝蚴染色玻片标本、马来丝虫微丝蚴染色玻片标本。

2. 试剂　蒸馏水、甲醇、75%酒精、吉姆萨(Giemsa)染液(配法：取吉姆萨染料 1g 研细，溶于 50 mL 甘油中，放入 50～60℃水浴中，摇动溶化，待凉后加入甲醇 50 mL，经 1～2 周后过滤备用。临用时，按 1∶20～1∶10 比例以缓冲蒸馏水将原液稀释，混合即可)或瑞特(Wright)染色(配法：取瑞特染料 0.1 g，于 60 mL 甲醇中研磨，保存于棕色瓶内即可)、显微镜。

3. 其他　采血针、脱脂棉球、蜡笔、显微镜、载玻片、盖玻片。

【实验方法】

1. 形态观察

(1) 丝虫成虫液浸标本：虫体细长，似丝线，乳白色，雄虫尾部向腹面卷曲，雌虫较雄虫长，尾部不卷曲。

(2) 班氏丝虫微丝蚴染色玻片标本：低倍镜观察其姿态弯曲，柔和而自然。高倍镜下，头间隙较短，与虫体宽度相等或等于体宽之半，体核呈圆形，较小，各自分开，核与核间着色浅，核清晰可数(彩图 19)。

(3) 马来丝虫微丝蚴染色玻片标本：低倍镜观察虫体较班氏微丝蚴小，其弯曲僵硬，大弯曲中尚有小弯曲。高倍镜下，头间隙长度约为宽度的二倍，体核呈椭圆形，较大，核密集，核与核间着色深，故核不易数。有时可见尾端有两个尾核，前后排列，尾核处较膨大(彩图 20)。

(4) 来微丝蚴之尾部：尾端有两个膨大部分，各有一小而圆形之核，称尾核，为本虫与班氏微丝蚴主要鉴别点之一。

(5) 班氏微丝蚴之尾部：尾部尖细，无膨大，亦无尾核。

(6) 病理标本：① 下肢象皮肿(彩图 21)；② 睾丸鞘膜积液和阴囊象皮肿(彩图 22)。

(7) 传播媒介：按蚊、库蚊。

2. *病原检查*　血液、乳糜尿或各种积液中查见微丝蚴，淋巴结中查见成虫为确诊依据。

3. *免疫诊断*　常用有间接免疫荧光抗体试验和 ELISA 双抗体法检测循环抗原。

4. *技术操作*

(1) 厚血膜法：为常规使用的方法。

1) 原理：微丝蚴于夜间出现于外周血液中，故夜间取受检者外周血液，制成厚血片，溶去红细胞，使血片透明，不经染色或染色后，置显微镜下观察微丝蚴。

2) 操作方法：先用 75%酒精棉球擦拭消毒耳垂(或指尖)和采血针，待酒精干后用针刺耳垂(或指尖)取血，拭去第一滴血再取 3 大滴，置清洁的载玻片中央，迅速用另一载玻片一角将血滴涂成 1.5 cm×3.0 cm 的长椭圆形血膜。待血膜完全干透后，滴加(或浸于)自来水(或蒸馏水)使红细胞溶解，然后轻轻倾去已溶的红色素液，留下一片淡白色血膜，乘血膜未干时置低、高倍镜下检查，发现有疑似微丝蚴时，再作染色。

血膜干后，用甲醇 1 滴将血膜固定，待干，以新鲜稀释 10～20 倍的吉姆萨染液满盖血膜，染色 30 min 后，以自来水轻轻冲洗，将玻片竖放待干后镜检。血膜亦可用瑞特染液染色，方法见疟原虫血片染色法。

3) 注意事项：① 取血量不应太少，涂成血膜不宜太薄或太厚；② 溶血前血膜须完全干透，以防脱落。溶血后，应缓慢而轻地倾倒红色素溶液，否则会连同血膜一起倾掉影响检查结果；③ 采血时间一般在晚上 9 时至次晨 2 时为宜；④ 血膜涂制后必须平放，以免血液凝集于一侧，使血膜厚薄不均；⑤ 制成的血膜要保存好，防止昆虫叮食和灰尘污染；⑥ 观察结果时须注意与棉花纤维等杂质区别。

(2) 新鲜血滴法：常用于教学及卫生宣传活动。

(3) 离心浓集法：静脉取血 1～2 mL，溶血后离心沉淀，取沉渣镜检。此法可提高检出率。

(4) 海群生白天诱出法：多用于夜间取血不方便者。

(5) 尿及睾丸鞘膜积液离心沉淀查微丝蚴。

【实验结果】

按低、高倍镜下所见姿态描绘班氏微丝蚴、马来微丝蚴，并注明各部名称及放大倍数。

思考题

(1) 可采用哪些病原学方法诊断丝虫病?
(2) 丝虫病有哪些主要临床表现? 怎样引起的?
(3) 丝虫病能否通过输血感染? 为什么?
(4) 在什么情况下应使用免疫学方法来诊断丝虫病?

(七) 其他线虫

【实验目的】

(1) 熟悉与诊断有关阶段的形态特点。
(2) 了解生活史与病原诊断方法。

【实验方法】

粪类圆线虫(*Strongyloides stercoralis*)

1. 生活史简介 粪类圆线虫的生活史有自生世代和寄生世代。成虫寄生在人体的小肠黏膜内并在此产卵,虫卵很快孵出杆状蚴,自黏膜逸出进入肠腔,随粪便离开人体。杆状蚴在外界即可发育为丝状蚴,经皮肤感染人体;也可直接发育为成虫,在外界完成生活史。

2. 形态观察 示教标本。

(1) 杆状蚴:大小 0.2～0.45 mm,具双球形咽管。
(2) 丝状蚴:虫体细长,大小 0.6～0.7 mm,咽管呈柱状,尾端尖而分叉。
(3) 虫卵:与钩虫卵相似,椭圆形,壳薄,无色透明,部分虫卵内含幼胚。

3. 病原检查 主要依靠从粪便、痰、尿或脑脊液中检获幼虫或培养出丝状蚴为诊断依据。患者腹泻时,也可检获虫卵。

美丽筒线虫(*Gongylonema pulchrum*)

1. 生活史简介 成虫寄生于人及其他终宿主的口腔、食管黏膜或黏膜下层,雌虫产出的含蚴卵可由黏膜破损处进入消化道,并随粪便排出体外。虫卵经中间宿主(甲虫、蜚蠊)发育为感染期幼虫,人误食中间宿主而感染。

2. 成虫形态 示教标本。细长如线状,乳白色,人体内寄生的虫体较小,体长 21～68 mm,宽 0.16～0.37 mm;体表具纤细横纹;前端正中有口,呈漏斗状,周围有分叶状的唇,上有 8 个小乳突;虫体前端具有成行排列、大小不等、数目不同的花缘状表皮突,在前端排列成 4 行,向后延伸至接近侧翼处增为 8 行。近头端两侧各有颈乳突 1 个,其后有呈分节状的侧翼,一直伸展至后端表皮突终止处。

3. 病原检查 初步诊断可根据病史和口腔症状,如以针挑破有虫体寄生移行处的黏膜,取出虫体镜检方可确诊。患者的唾液及粪便中一般找不到虫卵。

结膜吸吮线虫(*Thelazia callipaeda*)

1. 生活史简介 成虫寄生于狗、猫及人等终宿主的眼眶内,雌虫产出幼虫,被中间宿主蝇吸食后，在其体内发育为感染期幼虫，当蝇再叮食宿主眼分泌物时即可进入新的终宿主眼部。

2. *成虫形态*　示教标本。虫体细长，在眼结膜囊内时呈淡红色，半透明，离开人体后为乳白色。体表除头、尾端外具微细横纹，横纹边缘锐利呈锯齿状。头端钝圆，无唇，有角质口囊。外周具乳突两圈，内圈 6 个，外圈 10 个。口囊后方为圆柱形的食管。

3. *病原检查*　自患处取出虫体作虫种鉴定而确诊。

棘颚口线虫(*Gnathostoma siamense*)

1. *生活史简介*　成虫寄生于狗、猫及猪等终宿主胃壁的瘤块中；人为本虫的非适宜宿主，因生食鱼类或转续宿主(蛇、蛙、鸡等)而感染，引起人体皮肤和(或)内脏幼虫移行症。

2. *第三期幼虫形态*　长 4 mm 左右，头球上有 4 圈小钩，全身被有 200 列以上的单齿皮棘，体前部的棘长 10 μm，往后逐渐变小、变细。虫体前 1/4 有 4 个肌质的管状颈囊。可根据第三期幼虫肠道上皮细胞中核的数目鉴定虫种：刚刺颚口线虫大多只有 1 个核，个别 2 个核以上；陶氏颚口线虫多为 2 个核；棘颚口线虫则有 3～7 个核。

3. *病原检查*　自可疑病变组织中检出虫体即可确诊。

东方毛圆线虫(*Trichostrongylus orientalis*)

1. *生活史简介*　成虫寄生于羊、马、牛及人等终宿主的胃及小肠内，卵随粪便离开人体，在外界发育为感染期幼虫，人常因生食蔬菜而感染。

2. *虫卵形态*　示教标本。与钩虫卵相似，长椭圆形，无色透明，壳薄，一端较圆，另一端较尖，卵内多见 10～20 个细胞。

3. *病原检查*　粪便中查见虫卵可确诊，但需与钩虫卵鉴别。

二、棘头虫

猪巨吻棘头虫(*Macracanthorhynchus hirudinaceus*)

【实验目的】

(1) 熟悉成虫形态。

(2) 了解生活史过程。

【实验方法】

1. *生活史简介*　成虫主要寄生于猪的小肠，偶可寄生于狗、猫和人体。中间宿主为鞘翅目昆虫。虫卵随终宿主粪便排出后，被中间宿主(如甲虫)的幼虫食入，在其体内孵出棘头蚴，经棘头体发育至感染性棘头体。当终宿主吞食含有感染性棘头体的甲虫后即可获得感染。人往往因误食而引起感染，但人不是此虫的适宜终宿主，故在人体消化道内极少能发育成熟和产卵。

2. *成虫形态*　虫体活时背腹稍扁平，固定后呈圆柱形。雌虫较长，为(20～65 cm)×(0.3～0.5 cm)，淡红色，雄虫大小为(5～10 cm)×(0.3～0.5 cm)，体表有明显的横皱纹，尤以体前为甚。头部为球形的吻突，其周围有 5～6 排尖形吻钩，每排 6 个，呈螺旋形排列。吻突后为颈部，其后大部为躯干。无口和消化道。

3. 实验诊断　病原检查依赖诊断性治疗驱出虫体或手术时发现虫体而确诊。

（李　健　郭鄂平）

三、吸虫

（一）华支睾吸虫（肝吸虫）

华支睾吸虫（*Clonorchis siensis*）寄生在人或猫狗等动物的肝胆管内。含毛蚴的虫卵随胆汁进入消化道随粪便排出体外，入水后被第一中间宿主（沼螺、涵螺及豆螺）食入，毛蚴在其体内孵出，经胞蚴、雷蚴、尾蚴各期发育和无性繁殖，尾蚴从螺体逸出，侵入第二中间宿主（淡水鱼、虾），发育为囊蚴。人主要因食入生的或半生的含囊蚴鱼虾而感染。猫、狗为本虫的主要保虫寄主。

【实验目的】

（1）掌握华支睾吸虫成虫和虫卵的形态特征。

（2）熟悉华支睾吸虫囊蚴的形态。

（3）了解华支睾吸虫雷蚴、尾蚴与中间宿主的一般形态。

【实验材料】

1. 标本　华支睾吸虫成虫染色玻片标本、华支睾吸虫成虫、纹沼螺、长角涵螺及赤豆螺。

2. 试剂　甘油、孔雀绿溶液（3%孔雀绿 1 mL 加纯甘油和水各 100 mL）。

3. 其他　聚苯乙烯定量板（大小为 40 mm×30 mm×1.37 mm，模孔为 8 mm×4 mm）、100 目尼龙或金属筛网片（约 4 cm×4 cm）；（5 cm×2.6 cm）、亲水玻璃纸条、刮棒、显微镜、载玻片、盖玻片。

【实验方法】

1. 形态观察

（1）华支睾吸虫卵：肝吸虫卵是人体常见寄生虫卵中最小者，平均约为 29 μm×17 μm，在低倍镜下，形如芝麻，呈淡黄褐色，卵壳较厚，较窄的一端可见明显小盖，盖的周缘由卵壳外凸形成肩峰，卵盖的另一端为卵壳增厚而形成的逗点状突起，称小疣，卵内有一发育成熟的毛蚴（彩图 23）。肝吸虫卵与异形吸虫卵、灵芝孢子等的形态学相似，应注意鉴别。

（2）华支睾吸虫成虫：包括两种不同方法处理的标本。

1）玻片染色标本：在解剖镜下观察，虫体较小，背腹扁平，窄长形。口吸盘较大，位于虫体顶端，腹吸盘较小，位于体前 1/3 处之腹面。肠支在虫体两侧，无明显弯曲，其盲端直达虫体后部，体后二睾丸呈分支状前后排列，卵巢分叶，位于睾丸的前方。受精囊和劳氏管明显可见。卵黄腺分布于虫体两侧（彩图 24）。

2）浸制标本：虫体保存于 5%～10%福尔马林中，用放大镜或肉眼观察外部形态。虫体前尖后钝，大小为（10～25 mm）×（3～5 mm），体壁薄，半透明（彩图 25）。

（3）华支睾吸虫各期幼虫形态染色玻片标本（显微镜观察）：

1）毛蚴：梨形。体表被有纤毛，经染色后可见内部结构。

2）胞蚴：不规则之长袋形，内含雷蚴及胚细胞。

3）雷蚴：袋形。有咽、较短的食管和盲肠，内含有未成熟的尾蚴及胚细胞。

4）尾蚴：分体、尾两部分。体部成圆筒形或长圆形；尾细长。

5）囊蚴：圆或椭圆形。有二层囊壁，囊内为一幼虫。新鲜囊蚴排泄囊为暗黑色。

（4）病理标本：成虫寄生于肝胆管内所致病变。

（5）第一中间宿主：纹沼螺、长角涵螺及赤豆螺均为中型淡水螺类（彩图 26）。

（6）第二中间宿主：淡水鱼（鲤科鱼、麦穗鱼）和虾（米虾、沼虾）。

（7）鱼肉中华支睾吸虫囊蚴压片检查法：

1）目的：初步了解检查囊蚴的方法，观察鲤科鱼的鳞和肌肉中寄生华支睾吸虫囊蚴的情况及囊蚴的形态。

2）操作方法：取新鲜鲤科鱼一条，剪取少量鱼肉（约米粒大小）3～4 块，分置载玻片上，覆以另一载玻片，两载玻片用力挤压，使鱼肉挤成薄片。置低倍镜下观察囊蚴的形态、大小、颜色、结构。应与其他吸虫囊蚴区别。

2. *病原检查*　在粪便或十二指肠引流的胆汁中查见虫卵为确诊依据。

3. *免疫诊断*　采用免疫学方法对肝吸虫轻度感染者和肝胆管病变较重者的诊断具有非常重要的诊断价值。

4. 技术操作

（1）厚涂片透明法（示教）：又称改良加藤法，为常用的粪便定量或定性检查虫卵的方法。

1）原理：采用粪便定量或定性厚涂片，以增加视野中虫卵数，经甘油和孔雀绿处理，使粪膜透明，从而使粪渣与虫卵产生鲜明对比，视野光线变得柔和，以减少眼睛的疲劳，并可做虫卵定量检查。

2）方法：① 将筛网覆盖在粪标本上，刮取从筛孔上挤溢出的粪便；② 将定量板紧贴于载玻片上，把刮棒上取得的粪便填满膜孔，刮去多余部分，掀起定量板，在粪样上覆盖含孔雀绿甘油的玻璃纸条，展平后用压板加压，粪样即在玻璃纸和玻片之间铺成椭圆形；③ 在 30～37℃温箱中透明 0.5～1 h 后镜检并作虫卵计数；④ 将每板虫卵总数乘以 24，再乘以粪便性状系数，即为每克粪便虫卵数。

3）注意事项：① 粪膜要均匀铺开，大小约 20 mm×25 mm，不宜过厚；② 透明时间要适度。

（2）十二指肠引流液离心沉淀法：经十二指肠引流出的胆汁，作离心沉淀，取沉淀镜检，虫卵检出率高。

【实验结果】

描绘肝吸虫虫卵，并注明各部名称和放大倍数。

思考题

（1）哪些症状和体征应考虑有肝吸虫感染的可能？

（2）用直接涂片法粪检肝吸虫卵，其检出率往往不高，请分析是何原因？

(3) 在什么情况下使用免疫学方法来诊断肝吸虫病?

(4) 肝吸虫卵易与哪些虫卵相混淆? 应如何加以鉴别?

(5) 肝吸虫的保虫宿主主要是哪些动物? 了解此点对人体肝吸虫病诊断有何意义?

(6) 吸虫和线虫的生活史有何异同?

(7) 华支睾吸虫的感染方式。

(二) 布氏姜片吸虫(姜片虫)

布氏姜片吸虫(*Fasciolopsis buski*)简称姜片虫,寄生于人和猪的小肠内。虫卵随粪排出后在水中孵出毛蚴,侵入扁卷螺,经胞蚴、雷蚴、尾蚴各期发育,尾蚴从螺体逸出,在水生植物媒介上形成囊蚴,人因生吃含有此囊蚴的菱角及其他水生植物或饮生水而感染。

【实验目的】

(1) 掌握姜片虫卵形态特点。

(2) 熟悉成虫形态特征。

(3) 了解各期幼虫和中间宿主的基本形态。

【实验材料】

1. 标本　姜片虫成虫压片染色标本、姜片虫成虫浸制标本、扁卷螺、红菱、荸荠及茭白、姜片虫卵封片标本。

2. 其他　显微镜、载玻片、盖玻片。

【实验方法】

1. 形态观察

(1) 姜片虫卵(封片标本):姜片虫卵为人体蠕虫卵中最大者,为(130～140 μm)×(80～85 μm),卵圆形,淡黄色,一端具有一不明显的小盖,卵内可见20～40个卵黄细胞和一个卵细胞,但在固定标本中不易见到卵细胞(彩图27)。

(2) 姜片虫成虫:有压片染色标本和整体浸制标本及活虫体三种,用肉眼或放大镜观察。虫体较大,背腹扁平;腹吸盘大,与口吸盘相距甚近;二肠管呈波浪形弯曲;二睾丸高度分支,前后排列;卵巢呈分支状。活虫体为肉红色似瘦肉片,常作皱曲状活动。死虫或固定后浸制标本为灰白色。对此虫特别注意与肝片形吸虫相鉴别。

1) 染色标本:主要了解姜片虫的内部结构(彩图28)。

2) 浸制标本或活虫体:注意观察虫体外形特点和口、腹吸盘位置(彩图29)。

(3) 囊蚴(染色标本):注意与其他囊蚴相区别。

(4) 病理标本:① 成虫寄生于小肠(瓶装标本);② 姜片虫病患者照片。

(5) 水生植物媒介:红菱、荸荠及茭白等。

(6) 中间宿主:扁卷螺,扁平盘曲,体小呈棕黄色,常漂浮于水面(彩图30)。

2. 病原检查　从患者粪便中查见虫卵或成虫为确诊依据。粪检方法有:改良加藤厚涂片法、直接涂片法和水洗自然沉淀法。

3. 免疫诊断　可采用经纯化的成虫及其排泄分泌物抗原作皮内试验或酶联免疫吸附试验检测相应抗体,具有较好的辅助诊断价值。

【实验结果】

描绘姜片虫虫卵，并注明各部之名称和放大倍数。

思 考 题

(1) 姜片吸虫卵和肝吸虫卵有何不同点？

(2) 怎样识别粪便中排出来的虫体是姜片虫？

(3) 询问病史时哪些问题对姜片虫诊断有帮助？

(三) 卫氏并殖吸虫和斯氏狸殖吸虫

卫氏并殖吸虫（*Paragonimus westermani*）和斯氏狸殖吸虫（*Pagumogonimus skrjabini*）又称为肺吸虫，其成虫主要寄生在人、猫、狗等终宿主肺部，虫卵随痰或粪排出，在水中孵出毛蚴，侵入第一中间宿主，经几代无性增殖成为尾蚴。尾蚴从螺体逸出后，侵入石蟹或蝲蛄体内发育为囊蚴。人生食含有囊蚴的蟹类或蝲蛄而感染，童虫在人体需经较长时间的多器官或组织中移行才能到达肺发育成熟，而大多数斯氏狸殖吸虫则在人体不能发育成熟，故移行更久，涉及器官、组织更广。

【实验目的】

(1) 掌握成虫虫体和虫卵的形态特征。

(2) 熟悉两种肺吸虫成虫的鉴别要点。

(3) 了解第一和第二中间宿主的外观特征；囊蚴的形态结构和分离方法。

【实验材料】

1. 标本　卫氏并殖吸虫成虫染色标本、斯氏狸殖吸虫成虫染色标本、肺吸虫卵虫卵封片标本、肺吸虫卵悬混液、川卷螺、拟钉螺、溪蟹、蝲蛄。

2. 其他　显微镜、载玻片、盖玻片。

【内容和方法】

1. 形态观察

(1) 肺吸虫卵：取虫卵封片标本或虫卵悬滴液标本进行观察。肺吸虫卵大小为(80～115 μm)×(48～60 μm)，但形态变异明显，多呈椭圆形，较大的一端有一明显卵盖，常倾斜，较小的另一端卵壳增厚。虫卵呈金黄色或黄褐色。卵内有十多个卵黄细胞，如为新鲜虫卵，则可在其中见到一个卵细胞(两种肺吸虫卵基本相同)(彩图 31)。

(2) 成虫：两种肺吸虫的共同点为：背隆腹平，约黄豆大小，活时呈红褐色，死后为灰白色，口、腹吸盘大小相似，肠管呈波浪形弯曲于虫体两侧，子宫与卵巢左右并列于虫体中部，两个睾丸左右并列。

卫氏并殖吸虫成虫染色标本：新鲜时呈红褐色，固定后呈灰色。虫体肥厚，腹面扁平，背面隆起，宽长比例一般为 1∶2 左右，近似半粒花生或半粒黄豆状。口、腹吸盘大小略同，口吸盘位于虫体前端，腹吸盘位于体中横线之前(彩图 32)。

斯氏狸殖吸虫成虫染色标本：身体窄长，两端较尖，宽长之比例为 1∶3.2 至 1∶2.4，最宽处在腹吸盘水平。腹吸盘大于口吸盘，多位于体前 1/3 处(彩图 33)。

1）两种虫体（染色标本）：重点比较观察卫氏肺吸虫和斯氏肺吸虫的外形、长宽比、腹吸盘位置和睾丸卵巢分支。

2）甲醛溶液（福尔马林）固定的虫体或活虫体：观察其基本形态，如为活标本，可见虫体伸缩变形。

（3）肺吸虫各期幼虫形态染色玻片标本（显微镜下观察）：

1）毛蚴：呈梨形或长椭圆形。体表有4排纤毛板，其上密布纤毛。体前端有一简单的顶腺和一神经节团。体后半部有大小不等的胚细胞。

2）胞蚴：成熟的胞蚴呈袋形。内含胚团及母雷蚴20余个。

3）母雷蚴：短圆柱形，前端有口、咽、食管及肠管。内含子雷蚴10余个。

4）子雷蚴：长圆柱形，外形与母雷蚴相似，但肠管较长，可达体中或后部。成熟的子雷蚴体内可见到20个以上不同发育期的尾蚴。

5）尾蚴：体部椭圆形，尾部短小呈球形。体前端有圆形口吸盘，其背侧有锥刺一支。腹吸盘略小，位于体部中横线之后。体前端有穿刺腺7对，两侧4对，中间3对。腹吸盘后方有一个三角形排泄囊。

6）囊蚴：乳白色，球形，有两层囊壁，外壁薄，易破碎，内壁厚，较坚韧。囊内为其幼虫，虫体两侧为肠盲管，肠盲管间为充满黑色颗粒的排泄囊，是并殖吸虫囊蚴的特有形态。

7）后尾蚴：从囊蚴内脱出的幼虫。长椭圆形，虫体伸缩活动力强，体形变化大。腹吸盘大于口吸盘。两肠支弯曲，达体后端。肠支间有长条形排泄囊，囊内充满黑色颗粒。

（4）病理标本：观察时应注意联系其致病机制。

1）福尔马林固定的含有囊蚴的狗肺标本：肉眼可见肺表面结节隆起（彩图34）。

2）病理组织切片标本：镜下观察虫体在组织内引起的病变特征。游走性皮下结节，注意与其他原因引起的皮下结节相鉴别。

（5）第一中间宿主：两种肺吸虫的第一中间宿主不同。

1）川卷螺：属黑螺科，中等大小，贝壳呈长圆锥形，壳顶钝。滋生于山溪（彩图35）。

2）拟钉螺：螺体小，壳高4～5 mm，壳薄而透明，暗色。滋生于溪中烂树叶下（彩图36）。

3）小豆螺：螺体很小，壳高约1.7 mm，壳薄而透明，灰黑色，滋生于溪水的隐蔽处。

（6）第二中间宿主：溪蟹、蝲蛄等甲壳类动物。蝲蛄多见于我国东北部。

2. 病原检查　从患者痰液或粪便中查见虫卵或在皮下包块中查见虫体为确诊依据。

3. 免疫检查　肺吸虫属于组织内寄生虫，特别是斯氏肺吸虫，除皮下结节做活检可能查见虫体外，一般很难找到或查不到病原体，故对疑有肺吸虫病的患者应首先作免疫学检查。常用其成虫制备抗原检测相应抗体，或制备出单克隆抗体格检查测肺吸虫循环抗原或循环免疫复合物。根据现有方法，对患者作检查时，最好使用两种以上的方法进行，同时也应该注意肺吸虫与血吸虫和旋毛虫之间的交叉反应。

4. 技术操作

（1）痰液涂片法：将患者的痰液作直接涂片镜下找虫卵，需反复多次，如未发现虫卵只见有菱形的夏科-雷登结晶，也可提示有肺吸虫感染的可能。

（2）痰液消化法：收集24 h痰液，置烧杯中，加等量10%NaOH，用玻棒搅匀，置37℃

温箱中，约数小时(痰呈稀液状)后，倒入离心管内，1 500 r/min 离心 10 min，弃上清液，取沉淀镜检。

(3) 皮下包块活组织检查：手术活检到的虫体可直接观察或压薄制片并经染色后在镜下鉴别确定。

(4) 皮内试验。

【实验结果】

描绘肺吸虫虫卵，并注明各部之名称和放大倍数，列表比较两种肺吸虫成虫的主要形态特征。

思考题

(1) 肺吸虫成虫和虫卵有哪些重要形态特征?

(2) 为什么肺吸虫有异位寄生? 应从哪些排泄物中寻找肺吸虫卵?

(3) 对疑有该病的患者作免疫学检查时，应选用两种以上的方法，为什么?

(4) 卫氏肺吸虫和斯氏肺吸虫在形态和生活史上有何异同?

(5) 卫氏肺吸虫和斯氏肺吸虫在诊断方法上有何不同?

(四) 日本裂体吸虫(日本血吸虫)

日本裂体吸虫(*Schistosoma japonicum*)又称日本血吸虫，寄生在人和哺乳类动物的肝门静脉系统，雌虫产卵于肠壁血管末梢，成熟卵释放破坏组织的物质，使其虫卵随溃破的肠组织进入肠腔，然后，随粪便排出体外。卵内毛蚴在水中孵出，侵入钉螺，在其体内经母胞蚴、子胞蚴、尾蚴三个阶段的发育和繁殖，尾蚴从螺体逸出至水中，当人因生产或生活下水接触尾蚴时感染。

【实验目的】

(1) 掌握日本血吸虫成熟虫卵的形态特征。

(2) 熟悉日本血吸虫成虫和尾蚴的主要特征。

(3) 了解日本血吸虫钉螺的外形特征。

【实验材料】

1. 标本　日本血吸虫成虫瓶装标本、日本血吸虫尾蚴染色玻片标本、血吸虫病兔肠系膜病理标本、日本血吸虫卵封片标本、日本血吸虫卵悬混液。

2. 其他　显微镜、载玻片、盖玻片。

【实验方法】

1. 形态观察

(1) 日本血吸虫卵：卵呈椭圆形，大小约 89 μm×67 μm，淡黄色，壳薄，无卵盖，一侧可见一小棘，但因虫卵的位置关系或因卵壳上黏附物遮盖而不易见道，在粪便中查见的虫卵，其内具有发育成熟的毛蚴(彩图 37)。

1) 虫卵悬滴液标本：取一滴虫卵悬液于载玻片上，涂片后镜检(或者取已制作好的封片标本观察)。

2）病兔肠黏膜中的虫卵：用小剪刀从病兔肠黏膜上剪取一小块置载玻片上，加少许生理盐水，覆盖另一载玻片，并加压使之能在低倍镜下观察。要求仔细观察并区分未成熟卵、成熟卵、死亡卵、钙化卵的结构特点。

（2）日本血吸虫成虫：为雌、雄异体。

1）雄虫：前端有一漏斗形的口吸盘，腹吸盘位于口吸盘之后并向腹面凸出，自腹吸盘以后虫体两侧向腹面卷曲，形成沟状，称为抱雌沟。睾丸7个，圆形，呈前后单行排列（彩图38）。

2）雌虫：口、腹吸盘均较雄虫为小，腹吸盘稍大于口吸盘。略突出。卵巢椭圆形，位于虫体中部。卵黄腺分布于卵巢之后肠管周围，卵巢前方为卵膜，卵膜向前则为管状子宫，内含虫卵。子宫开口于腹吸盘后面（彩图39）。

（3）血吸虫各期幼虫形态：

1）毛蚴：将已孵化出有血吸虫毛蚴的三角烧瓶放在有黑色背景的地方，在适当的光线下，用肉眼或放大镜观察，注意寻找接近水面数厘米处快速运动的小白点，仔细观察这些小白点的运动特点（直线运动，碰壁迅速拐弯），并且要特别注意与水中其他原生动物（如草履虫）相鉴别。若肉眼观察鉴别困难，可用吸管吸出运动的小白点，置于载玻片上，用低倍镜进行鉴别，其基本形态特征是：梨形，体表有纤毛。

2）胞蚴（染色标本）：有母胞蚴和子胞蚴。观察两者有何不同？

3）尾蚴：主要观察活尾蚴（彩图40）。① 活体标本：肉眼或解剖镜观察新逸出的尾蚴在水中活动情况；从钉螺体内释放的尾蚴有单尾型和叉尾型两类，前者是其他吸虫的尾蚴，后者才是血吸虫尾蚴，应注意区别（观察时要特别注意防止实验室感染）。② 染色标本：在低倍镜或高倍镜下观察其外形和内部的基本结构。

（4）中间宿主：湖北钉螺，分肋壳钉螺（表面具纵肋）和光壳钉螺（表面光滑）两个亚种，都呈塔形，6～9个螺层，属小型螺类，壳口卵圆形，周缘完整，外缘背侧有一条粗的隆起称唇嵴（彩图41）。

（5）病理标本：应结合生活史和致病机制观察。如：

1）血吸虫病动物模型：对已感染45～50 d的病兔，进行解剖，重点观察肝、肠病变，并注意观察成虫在肠系膜静脉内的寄生情况。

2）虫卵肉芽肿病理切片标本：初步观察虫卵肉芽肿的基本结构和形态——由嗜酸性粒细胞和中性粒细胞与巨噬细胞、淋巴细胞、大单核细胞等围绕虫卵而形成的虫卵结节，注意卵壳周围有呈放射状排列的免疫复合物。

3）晚期患者：包括腹水型、巨脾型、侏儒型。

4）尾蚴型皮炎：注意皮炎的特征性表现。

（6）血吸虫病兔的肠系膜：观察成虫的寄生部位及肠壁的病变情况（彩图42）。

（7）血吸虫病兔的肝脏：观察肝脏病变情况（彩图43）。

2. **病原检查** 粪中查见虫卵或孵出毛蚴或作肠黏膜活检查到活卵或近期变性卵为确诊依据。

3. **免疫诊断** 日本血吸虫为组织内寄生虫，其虫卵虽可随溃破的肠黏膜被排出肠腔，从而在粪便中有机会查见病原体，但是，当肠壁出现纤维化后，很难通过检查粪便做出病原诊断,加之做病原检查的方法操作烦琐,效率低。故常采用免疫学的方法来辅助诊断血吸虫病。

4. 技术操作

(1) 毛蚴孵化法:操作方法和结果观察示教,由于此法将较大量粪便经水洗自然沉淀,再行毛蚴孵化,使之检出率较一般方法为高。

(2) 乙状结肠镜检(直肠黏膜活组织检查法):此法适用于慢性患者的检查,但应注意的是:对未查见活卵或近期变性卵者,不能排除血吸虫感染;若查见死卵者,应根据感染史或治疗史作出判断。本实验采用日本血吸虫感染鼠或兔的肠黏膜作组织活检的结果观察。

(3) 尾蚴膜反应(方法与结果示教):因受活尾蚴来源的限制,故不常用。

(4) 环卵沉淀试验(方法与结果示教):较常用。抗原为完整的成熟虫卵。

(5) 快速酶联免疫吸附试验:最为常用,要求自己操作。其具体方法可按附录进行。

【实验结果】

(1) 绘制日本血吸虫卵形态图并注明结构名称及放大倍数。

(2) 撰写免疫学试验的实验报告。

思 考 题

(1) 试比较已学过的线虫和吸虫排出人体阶段(与诊断有关)的形态特点。

(2) 日本血吸虫有哪些主要致病作用?

(3) 为什么说日本血吸虫病是一种免疫性疾病?

(五) 其他吸虫

【实验目的】

(1) 熟悉虫卵的形态。

(2) 了解成虫的一般形态。

【实验方法】

肝片形吸虫(*Fasciola hepatica*)

1. 生活史简介 成虫寄生在牛、羊的肝胆管内,产出的虫卵随粪便排出。卵在水中孵出毛蚴,侵入中间宿主(锥实螺),在其体内经胞蚴、母雷蚴、子雷蚴和尾蚴各阶段的发育和繁殖,大量尾蚴逸出螺体,附着在水生植物或其他物体及水面上,形成囊蚴。终宿主因食入囊蚴而感染。人偶尔可因生食水芹或喝生水而感染,或食入未熟的含有此吸虫童虫的牛、羊内脏而引起致病。

2. 形态观察

(1) 肝片形吸虫卵(封片标本):与姜片吸虫卵极为相似,稍有不同之点为形状稍窄长、卵盖较大、卵黄细胞充满卵内。

(2) 肝片形吸虫成虫:① 压片染色标本;② 瓶装浸制标本。此吸虫与姜片虫相似,故应注意与之鉴别,肝片形吸虫的主要特点是虫体前端有一明显突出的头锥,肠支有很多小分支。

(3) 中间宿主:萝卜螺标本。

3. 实验诊断 从粪便或十二指肠引流物中查见虫卵为确诊本病的依据。病原检测方法同肝吸虫。镜检时应特别注意与姜片吸虫卵和棘口吸虫卵相鉴别。组织内寄生的肝片形吸虫依赖手术活检鉴别虫种。

异形吸虫(*Heterophyia trematodes*)

1. 生活史简介 异形吸虫类共有14个属,其成虫主要寄生在鱼类、鸟类及哺乳类动物小肠内,第一中间宿主为淡水螺,第二中间宿主是淡水鱼。终宿主食入含囊蚴的鱼而感染。人偶尔可感染,寄生于小肠,并有侵入肠壁的倾向,虫卵在组织内可引起多脏器的损害。

2. 形态观察

(1) 成虫(染色标本):在我国,人体有感染报道的共5种,即异形异形吸虫、横川后殖吸虫、钩棘单睾吸虫、多棘单睾吸虫、台湾棘带吸虫。其共同特点是虫体小,体长0.3~0.5 mm;除具有口、腹吸盘外,有的还具有生殖吸盘;睾丸1~2个,一般不分支;卵巢位于睾丸之后。

(2) 虫卵(封片染色标本):以上5种异形吸虫虫卵很难区分,并且与华支睾吸虫卵和猫后睾吸虫卵十分相似。

3. 实验诊断 粪便中查见虫卵作初步诊断,驱虫后作虫种鉴定而确诊。

棘口科(Echinostomatidae)吸虫

1. 生活史简介 成虫主要寄生于禽类,其次是哺乳动物和爬行类动物,偶尔可寄生于人体小肠,引起肠壁炎症。第一中间宿主是淡水螺,第二中间宿主是淡水鱼、青蛙及蝌蚪。感染阶段为囊蚴,人因生食或半生食第二中间宿主而感染。

2. 形态观察

(1) 成虫(染色标本):棘口吸虫在我国已发现有19个种可寄生于人体,其中主要的有日本棘隙吸虫、卷棘口吸虫、藐小棘隙吸虫及抱茎棘隙吸虫四种。这些吸虫多属小型吸虫,虫体呈长条状;前端似瓶状,具头冠,多有单列或双列头棘;体表有皮棘,两个圆形睾丸位于体后半部,前后排列或斜排列。

(2) 虫卵(封片标本):棘口吸虫类虫卵与姜片虫卵和肝片形吸虫卵极为相似。

3. 实验诊断 依据于在粪便中查见虫卵或驱虫后作虫种鉴定而确诊。

四、绦虫

(一) 链状带绦虫(猪带绦虫)与肥胖带绦虫(牛带绦虫)

链状带绦虫又称猪带绦虫(*Taenia solium*)与肥胖带绦虫又称牛带绦虫(*Taenia saginata*)的成虫均寄生于人的小肠。孕节或虫卵随粪便排出体外,被中间宿主吞食后,在其体内发育为囊尾蚴。人因误食生的或半生的含囊尾蚴的猪肉、牛肉而感染。猪带绦虫的中间宿主是猪,人亦可作为中间宿主;牛带绦虫的中间宿主是牛、羊等动物。

【实验目的】

(1) 掌握两种带绦虫头节和孕节的鉴别要点;带绦虫卵的形态特征。

(2) 熟悉猪囊尾蚴的形态。

【实验材料】

1. 标本 猪带绦虫成虫瓶装标本、牛带绦虫成虫瓶装标本、猪带绦虫头节染色玻片标本、牛带绦虫带绦虫头节染色玻片标本、猪带绦虫成节封片标本、牛带绦虫成节封片标本、猪带绦虫孕节封片标本、牛带绦虫孕节封片标本、猪囊尾蚴瓶装标本、米猪肉、带绦虫卵悬混液。

2. 其他 显微镜、载玻片、盖玻片。

【内容与方法】

1. 形态观察

(1) 带绦虫卵:虫卵为小圆球形,壳薄,无色透明,极易破损脱落。镜下可见虫卵直径31～43 μm,具棕黄色、厚且有放射状条纹的胚膜,内含一圆形的六钩蚴,两种带绦虫卵在形态上不易区别(彩图44)。

(2) 两种带绦虫成虫:有整体固定标本和头节、成节、孕节染色标本。

虫体整体标本:比较两种成虫外形,基本结构、颜色、长度和节片数的差异。

1) 猪带绦虫成虫瓶装标本:虫体长大,长2～4 m,呈乳白色,前端窄,后端宽,其未成熟节片宽度大于长度,成熟节片宽度与长度相等,妊娠节片则长度大于宽度,生殖孔不规则地分列于链体两侧。

2) 牛带绦虫成虫瓶装标本:虫体较猪带绦虫为大,长4～8 m或更长,其他外形皆相似。

3) 头节:具4个吸盘,注意两种虫体头节的形状、大小以及有无顶突和小钩(彩图45,彩图46)。

4) 成节:近方形,可见雌雄性生殖器官各一套,卵巢分叶,卵黄腺位于节片中央后部。子宫管状,从节片中央向前延伸为盲囊。节片上方及两侧散在小圆形滤泡状的睾丸,每节约有数百个。生殖孔在节片的一侧。

5) 孕节:节片呈长方形,子宫发达,内充满虫卵,自主干向两侧分支,每侧一级分支:猪带绦虫为7～13支;牛带绦虫15～30支(彩图47,彩图48)。

(3) 囊尾蚴:浸制标本和肌肉内囊虫观察。

1) 猪囊尾蚴:成熟囊尾蚴为黄豆大小、白色半透明的囊状物。囊内充满透明液体,头节内凹于囊内,呈白色点状,其构造与成虫头节相同(彩图49)。

2) 牛囊尾蚴:其外观与猪囊尾蚴相似,难以区别。囊内的头节与其成虫头节结构相同。

(4) 病理标本:

1) 米猪肉:肉眼观察猪肉肌纤维间有多个黄豆大小、乳白色的囊状物(猪囊尾蚴)(彩图50)。

2) 皮下囊虫(彩图51)和脑囊虫CT片(彩图52)。

3) 组织内囊虫照片。

2. 病原检查 肠道绦虫感染以在粪便内查见孕节和虫卵或用肛门拭子法在肛周皮

肤上查见虫卵为诊断依据。囊虫病以获检到囊尾蚴为确诊依据。

3. 免疫诊断　对深部组织中的囊虫病的诊断具有重要的临床参考价值。常用ELISA检测抗体或循环抗原。

4. 技术操作

(1) 带绦虫孕节片鉴定：带绦虫孕节可用夹片法进行快速鉴定：夹取带绦虫孕节，水洗后置于二载玻片间，轻压固定，对光观察子宫分支情况，自基部计数子宫一级分支数目，以鉴定虫种。若子宫分支不清楚，可采用墨汁注射法，即水洗后用滤纸吸干虫体表面的水分，用1 mL注射器，4号针头，抽取墨汁少许，从孕节中央子宫一端进针，缓慢推注墨汁于子宫腔内，可见墨汁进入各子宫分支。水洗多余墨汁，将孕节夹于两载玻片间观察并计数子宫分支情况，确定虫种。鉴定新鲜孕节片时应戴橡皮手套以防止感染。

(2) 皮下包块活检猪囊尾蚴的形态鉴定：以手术方法摘取皮下结节或浅部肌肉包块，分离出虫体，直接观察确定，如为病理组织切片，应根据猪囊尾蚴的囊壁和头节的基本形态结构特征进行确诊。

【实验结果】

(1) 绘制带绦虫卵图并注明各部名称和放大倍数。

(2) 绘制猪、牛带绦虫妊娠节片图(按肉眼观察描绘)。

(3) 按低倍镜下所见大小描绘猪、牛带绦虫头节。

思考题

(1) 为什么检验带绦虫时，应尽可能做到定种？

(2) 肛周拭子法为什么主要适用牛带绦虫感染的诊断？

(3) 如何诊断囊虫病？

(4) 猪囊尾蚴的基本形态特征是什么？

(5) 如何确定带绦虫病治疗的效果？

(6) 试比较猪、牛带绦虫形态和生活史。

(7) 猪带绦虫及囊尾蚴对人的危害和感染方式。

(二) 细粒棘球绦虫

细粒棘球绦虫(*Echinococcus granulosus*)的成虫寄生于狗、狼等食肉动物肠内。孕节或虫卵随粪排出，被中间宿主(羊、牛、猪等)食后，在其体内发育为棘球蚴。人可作为该虫的中间宿主，因误食虫卵而感染，引起棘球蚴病或包虫病。

【实验目的】

(1) 掌握棘球蚴砂的形态及结构特征。

(2) 熟悉棘球蚴的形态特征。

(3) 了解成虫的形态特征。

【实验材料】

1. 标本　成虫整体固定标本、虫体染色标本、棘球蚴瓶装标本、棘球蚴砂封片染色标本。

2. 其他 显微镜、载玻片、盖玻片。

【内容与方法】

1. 形态观察

(1) 棘球蚴砂(封片染色标本)：棘球蚴砂是游离于棘球蚴囊液中的原头节、育囊、子囊的统称。此标本主要是观察单个散在的原头节。原头节与成虫头节相似，但较小，头节可见吸盘、顶突和小钩，顶突有外翻和凹入者。

(2) 棘球蚴(切片标本)：用低倍镜观察棘球蚴的构造，从外至内依次观察，先看到的是纤维性被膜(为中间宿主组织)。继而可见到棘球蚴的囊壁，分两层。外层为角皮层，由多层无细胞结构的膜状物构成；内层为胚层又称生发层，含许多细胞核、少量肌纤维和一些石灰小体，向囊内芽生许多原头节和生发囊。

(3) 成虫整体(固定标本)：从感染狗的肠道中取得虫体，经福尔马林固定。用放大镜观察，虫体长 2～7 mm，白色，链体由幼节、成节和 1～2 个孕节组成。

(4) 虫体(染色标本)：低倍镜下观察，头节梨形，具顶突和四个吸盘，顶突上有头钩两圈，大小相间排列，28～46 个。成节内有雌雄生殖器官各一套。

(5) 病理标本：寄生于动物肝脏中的棘球蚴。可见棘球蚴为大小不等，乳白色，半透明，囊壁似粉皮状的圆形囊状体。

2. 病原检查 在痰液、尿液、腹水、胸水中查见棘球蚴砂或经手术摘除棘球蚴可作为诊断依据。

3. 免疫诊断 由于病原学诊断取材困难，故常采用免疫学方法作辅助诊断，常用的方法有卡松尼皮内试验、间接血凝试验、酶联免疫吸附试验、对流免疫电泳等。目前认为对该病的免疫诊断应采取综合方法，以提高准确率。

【实验结果】

绘制棘球蚴的基本结构图并标明各部结构名称。

思 考 题

(1) 采用病原学方法诊断棘球蚴病为何困难？

(2) 疑有棘球蚴病的患者，一般禁止诊断性穿刺，为什么？

(3) 为什么我国的棘球蚴(包虫)病主要分布在西北及内蒙古的畜牧地区？

(4) 棘球蚴病的临床表现有哪些？

(三) 微小膜壳绦虫与缩小膜壳绦虫

微小膜壳绦虫(*Hymenolepis nana*)的成虫寄生于鼠类或人的小肠内，随粪便排出的孕节或虫卵如被新的宿主吞食，在小肠腔内孵出六钩蚴、经似囊尾蚴，发育为成虫。人感染可因误食含似囊尾蚴的中间宿主而引起，也可由自身感染而大量繁殖。

缩小膜壳绦虫(*Hymenolepis diminuta*)卵被中间宿主(鼠蚤、大黄粉虫等)吞食后，在其肠腔内发育为似囊尾蚴，如人或鼠吞食了带有似囊尾蚴的中间宿主，则在其体内发育为成虫。人为本虫的终宿主。

【实验目的】

(1) 掌握两种膜壳绦虫虫卵的形态特征。

(2) 熟悉两种膜壳绦虫病的病原检查方法。

(3) 了解两种膜壳绦虫成虫一般形态及鉴别要点。

【实验方法】

1. 形态观察

微小膜壳绦虫

(1) 虫卵(玻片标本):虫卵圆形或椭圆形,大小为(48～60 μm)×(36～48 μm)。无色透明,外层为很薄的卵壳,内为胚膜,胚膜的两极略隆起,发出 4～8 根丝状物,胚膜内含一六钩蚴。

(2) 成虫(整体固定标本):乳白色,长 5～80 mm,由 100～200 节片组成。

(3) 成虫头节(染色标本):在低倍镜下观察,可见头节呈球形,有四个吸盘和一个可伸缩的顶突,顶突上有呈单环排列的小钩,小钩数 20～30 个。

(4) 成虫成节(染色标本):用低倍镜观察,节片中有 3 个近圆形的睾丸作横线排列,卵巢叶状,位于中央,卵黄腺位于卵巢后方的腹面。各节片生殖孔位于虫体的同侧。

(5) 孕节(染色标本):子宫呈袋状,其内充满虫卵。

缩小膜壳绦虫

(1) 虫卵(封片标本):为椭圆形或圆形,较微小膜壳绦虫卵大,(72～86 μm)×(60～79 μm)。黄褐色,卵壳稍厚,卵内六钩蚴小钩较清晰,排列呈扇形,胚膜两端无丝状物。

(2) 成虫(固定标本):外观与微小膜壳绦虫基本相同,虫体较大,体长 200～600 mm,节片 800～1 000 个。

(3) 成虫头节(染色标本):在低倍镜下观察,头节呈球形,四个吸盘,顶部凹入,发育不良的顶突藏于其中,无小钩。

(4) 成虫成节(染色标本):与微小膜壳绦虫相似,睾丸有 2～5 个不等。

(5) 孕节(染色标本):子宫折成瓣状,虫卵充满节片。

2. 病原检查　在粪便中查到虫卵或孕节作为诊断依据,两种绦虫的检查方法相同。

(1) 粪便饱和盐水浮聚法:采用此法检出虫卵的机会较大。

(2) 粪便自然沉淀法:延长沉淀时间可提高检出率。

(3) 孕节检查:采用夹片法或染色方法以鉴定虫种。

【实验结果】

绘制微小膜壳绦虫卵图。

思 考 题

(1) 短膜壳绦虫与其他绦虫生活史有何主要不同?

(2) 试比较这两种绦虫的形态、生活史和致病过程。

(四) 曼氏迭宫绦虫

曼氏迭宫绦虫(*Spirometra mansoni*)的成虫寄生于猫、犬等终宿主的小肠内。虫卵在水中发育,孵出钩球蚴,如被剑水蚤吞食,则在其体内发育成原尾蚴。受感染的剑水蚤被蝌蚪食入,则随着蝌蚪发育至成蛙而在其体内逐渐发育为裂头蚴。蛇、鸟、猪为此虫的转续宿主,人可作为此虫的第二中间宿主,转续宿主也可作为终宿主。人感染常因外用或生食含有裂头蚴的青蛙肉而引起,也可因饮生水食入了含有原尾蚴的剑水蚤而感染。

【实验目的】

(1) 掌握裂头蚴的形态特征。

(2) 熟悉曼氏迭宫绦虫虫卵、成虫的一般形态。

(3) 了解曼氏迭宫绦虫中间宿主、免疫学检查对裂头蚴病的诊断价值。

【实验材料】

1. 标本　曼氏迭宫绦虫成虫固定标本、裂头蚴染色标本。

2. 其他　显微镜、载玻片、盖玻片。

【实验方法】

1. 形态观察

(1) 虫卵(封片标本):近椭圆形,两端稍尖,(52～76 μm)×(31～44 μm),呈浅灰褐色,有卵盖,卵壳较薄,内含一个卵细胞和许多卵黄细胞。

(2) 成虫(固定标本):肉眼观察外部特点:白色带状,长 60～100 cm,头节细小呈指状,背腹面各有一纵行的吸槽。颈部细长,链体有节片约 1 000 个,节片的宽度大于长度,但远端节片长宽几近相等。成节与孕节结构基本相似,可见到每个节片中部凸起的子宫。

(3) 裂头蚴(染色标本):放大镜观察,虫体呈条带状,长 10～30 cm,体前端稍大,具有与成虫相似的头节,虫体不分节,但具横皱纹。

(4) 活裂头蚴:从青蛙中解剖获得。

(5) 病理标本:① 裂头蚴在蛙体肌肉内成团或呈条形寄生状态;② 眼部裂头蚴寄生的患者照片。

2. 病原检查　在皮下包块或其他组织中活检到裂头蚴作为诊断依据。

3. 免疫诊断　对深部组织寄生的裂头蚴,免疫学检查具有重要的辅助诊断价值。常用裂头蚴抗原作皮内试验或酶联免疫吸附试验可获满意结果。

4. 技术操作

(1) 裂头蚴虫体鉴定:在深部组织寄生较长时间的裂头蚴,手术活检时常有宿主组织黏连在一起,或取出的虫体可能不完整,故在作鉴定时,应予以注意。

(2) 青蛙解剖找曼氏裂头蚴:取活青蛙,处死,在大腿肌肉部位找灰白色小圆点,用针挑出,放置在有生理盐水的玻璃平皿中观察,可见虫体活动。

【实验结果】

比较已学过的几种绦虫孕节片形态。

思考题

(1) 裂头蚴有何形态特点?
(2) 裂头蚴在人体寄居有哪些危害?
(3) 因误食虫卵而感染的绦虫病有哪几种?
(4) 针对学过的几种人体绦虫病有哪些实验诊断方法?

(五) 其他绦虫

【实验目的】

了解与诊断有关的阶段形态和诊断方法。

【实验方法】

多房棘球绦虫(*Echinococcus multilocularis*)

1. 生活史简介 多房棘球绦虫成虫寄生在狐、狗、狼、猫等终宿主小肠内,随粪便排出的孕节或虫卵被中间宿主野生啮齿动物(主要为鼠类)吞食,则在其体内发育为泡球蚴。含泡球蚴的器官被终宿主食入,在其小肠内发育为成虫。人因误食虫卵,可在体内发育为泡球蚴。

2. 泡球蚴形态 为淡黄色或白色囊泡状团块,囊泡圆形或椭圆形,直径为 0.1～1 mm,大的可达 3 mm,囊壁虽有角皮层和生发层,但角皮层常不完整。囊壁与周围组织间没有纤维性膜形成的明显界限,囊内含胶状物,人体感染的泡球蚴囊泡内无原头节。

3. 诊断方法 基本同细粒棘球绦虫的病原检查与免疫诊断方法。由于泡球蚴周围缺乏纤维组织被膜,虫体抗原很容易进入血液,故免疫诊断效果尤佳。

犬复孔绦虫(*Dipylidium caninum*)

1. 生活史简介 犬复孔绦虫成虫主要寄生于犬、猫小肠内。脱落的孕节随粪便排出或自动逸出肛门,散出的虫卵被中间宿主蚤类幼虫食入,并在其体内孵化出六钩蚴。当蚤类幼虫逐渐发育为成虫,六钩蚴则发育为似囊尾蚴。受染的病蚤被终宿主吞食后,就在其体内发育为成虫,人类的感染是因误食含似囊尾蚴的蚤所致,人可作为其终宿主。

2. 形态观察

(1) 虫卵玻片(标本示教):圆球形,中等偏小,卵壳两层,薄而透明,内含一个六钩蚴。

(2) 孕节(标本示教):呈长方形,孕节有两个生殖孔对称地分列于节片近中部的两侧缘。子宫呈网状,内含若干个储卵囊,每个储卵囊内含虫卵 2～40 个。

3. 病原诊断 粪检虫卵或孕节片。

西里伯瑞列绦虫(*Raillietina celebensis*)

1. 生活史简介 西里伯瑞列绦虫成虫寄生于鼠肠内,孕节脱落随粪便排出体外。虫卵在中间宿主蚂蚁体内发育为似囊尾蚴,含有似囊尾蚴的蚂蚁被终宿主鼠食入,则在其体内发育为成虫。人体感染可能由于误食感染的蚂蚁所致,人为其终宿主。

2. 形态观察

(1) 虫卵(玻片标本)：呈橄榄形，大小约为 45 μm×27 μm，具有内外两层薄壳，内含一圆形的六钩蚴。

(2) 孕节(染色标本)：外形略呈椭圆，白色，孕节内充满圆形或椭圆形的储卵囊，有 300～400 个，每个储卵囊内含 1～4 个虫卵。

(3) 病原诊断：粪检虫卵或孕节。

(李　健　朱名胜)

第二节　医学原虫

一、叶足虫

(一) 溶组织内阿米巴与结肠内阿米巴

溶组织内阿米巴(*Entamoeba histolytica*)的生活史主要有滋养体和包囊两个时期。四核包囊为感染期，肠腔内的滋养体在一定条件下侵入宿主组织，并引起病变。结肠内阿米巴(*Entamoeba coli*)是人体肠道常见的共栖原虫，常与溶组织内阿米巴共同存在。其形态与溶组织内阿米巴相似。

【实验目的】

(1) 掌握溶组织内阿米巴滋养体、包囊的形态特征；粪便生理盐水涂片法及原虫包囊的碘液染色方法。

(2) 熟悉检查溶组织内阿米巴滋养体时的注意事项。

(3) 了解结肠内阿米巴滋养体、包囊的形态特征。

【实验材料】

1. 标本　溶组织内阿米巴滋养体铁苏木素染色玻片标本、溶组织内阿米巴包囊铁苏木素染色玻片标本、阿米巴包囊悬混液。

2. 其他　显微镜、香柏油、载玻片、盖玻片。

【实验方法】

1. 形态观察

(1) 溶组织内阿米巴滋养体：

1) 滋养体活体标本：① 用自由生活阿米巴滋养体作替代：直接涂片镜下观察。② 患者脓血便标本：取少量脓血便涂在滴有生理盐水的载玻片上，盖上盖玻片，置显微镜下立即检查。当室温在 15℃以下时，最好在保温箱中或有保温铜片装置的显微镜下检查，否则虫体很快就停止运动。溶组织内阿米巴滋养体在排出人体后，在 20～27℃的条件下，作定向的变形运动(阿米巴运动)。虫体内、外质分界清楚，外质薄而透明，内质颗粒状，其中常有被吞噬的带浅黄绿色的红细胞。

2) 滋养体(铁苏木素染色玻片标本)：虫体为椭圆形或圆形，较生活时偏小。虫体外质较透明，内质颗粒状。滋养体的内质中往往可见到被吞噬的红细胞(染成深蓝黑色)，细胞核一个，圆形，泡状；核周染粒大小均匀，排列整齐；核仁细小，位于中央；核仁与核膜之间有网状核丝相连(彩图 53)。

HE 染色肠组织切片标本：先于低倍镜下检查见到肠黏膜一缺损处，再换高倍镜于黏膜下层或溃疡边缘查滋养体。

(2) 溶组织内阿米巴包囊：

1) 悬滴液标本或新鲜粪便标本：取悬液涂片或用竹签挑取含有阿米巴包囊的粪便少许，与玻片上一小滴生理盐水混匀。注意粪便涂片应做得较薄，先在低倍镜下观察，若见到边缘十分清晰光滑的小球，即转至高倍镜下观察。注意溶组织内阿米巴包囊未染色时的形态和结构。将标本从镜台上取下，加一小滴卢戈碘液于玻片一侧(碘液量不宜太多，否则着色过深，结构不易看清)，用盖玻片一角将碘液与粪液混匀，盖上盖玻片。先在低倍镜下观察，见到黄色小球形结构，再转高倍镜。注意观察溶组织内阿米巴包囊的大小、外形、结构特点。囊壁不着色，但囊内虫体的边缘十分清楚，颜色较深。注意核的数量、核仁位置、有无糖原泡和拟染色体。

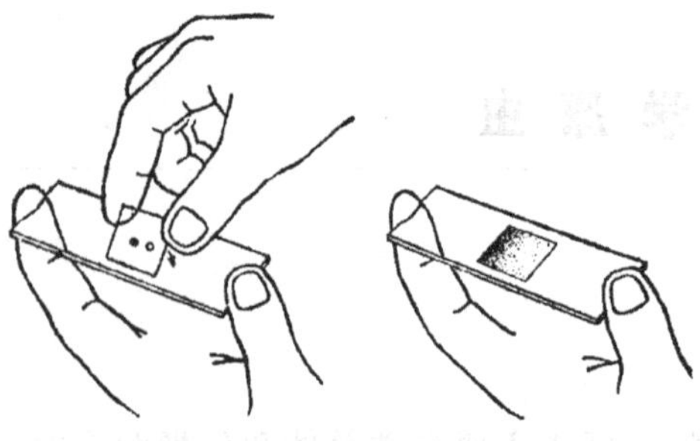

图 2-3 原虫包囊碘液染色法

2) 铁苏木素染色标本：圆球形，直径 10～20 μm，囊壁不着色，但可见包囊与周围粪渣间有空隙。核 1～4 个。核仁细小，多位于中央。一核、二核包囊内可见空泡状糖原泡及两端钝圆的拟染色体(彩图 54)。

(3) 结肠内阿米巴包囊：

1) 悬滴液标本或新鲜粪便标本：取样涂片、碘液染色同溶组织内阿米巴包囊。观察时需注意与溶组织内阿米巴包囊区别，特别注意结肠内阿米巴包囊的大小、核的数量、核仁位置及拟染色体的形状。

2) 铁苏木素染色玻片标本：圆球形，直径 10～30 μm，核 1～8 个，常见 8 个，核仁粗大，常偏于一侧。拟染色体常不清晰，呈碎片状或草束状，两端尖细不整(彩图 55)。

(4) 结肠内阿米巴滋养体(铁苏木素染色玻片标本示教)：胞质内、外质分界不明显，胞核的核周染粒粗细不均匀，排列不整齐，核仁较大，常偏于一侧。注意与溶组织内阿米巴滋养体比较观察(彩图 56)。

(5) 病理标本(示教)：

1) 肠壁溃疡及其切片标本：烧瓶样溃疡，并可见阿米巴滋养体(彩图 57)。

2) 阿米巴肝脓肿标本：肝脏有一巨大的脓肿腔，其中的组织已被溶解(彩图 58)。

2. *病原学诊断* 在粪便、痰液、脓液中或用乙状结肠镜检、直肠镜取肠黏膜溃疡边缘活组织或刮取物中检查到滋养体或在成形粪便中检查到包囊为确诊依据。

3. *免疫诊断* 常用作阿米巴肝脓肿的辅助诊断。常用方法有间接红细胞凝集试验、免疫荧光抗体试验、酶联免疫吸附试验等。

4. 人工培养 溶组织内阿米巴常用培养基与培养方法见教材。

5. 技术操作

(1) 生理盐水直接涂片法：应注意的事项是：快送快检，一般在 30 min 内完成；涂片宜较薄；冬季注意粪便的保温；取脓血部分进行检查；注意与其他阿米巴滋养体鉴别。

(2) 生理盐水涂片碘染色法：注意与非致病阿米巴包囊及人芽囊原虫相鉴别。

(3) 汞醛碘离心沉淀法：取粪便 1 g，加适量(约 10 mL)汞醛碘液，充分混匀，用两层脱脂纱布过滤，再加入乙醚 4 mL，振摇 2 min，离心(200 r/min)1～2 min，即分成乙醚、粪渣、汞醛碘及沉淀物 4 层，弃去上面 3 层，取沉渣镜检阿米巴包囊。

(4) 活组织检查：乙状结肠镜检或纤维结肠镜加活检或刮拭物涂片；肝脓肿穿刺及脓液镜检查阿米巴滋养体。

【实验结果】

(1) 绘制溶组织内滋养体、包囊形态图并注明各部名称和放大倍数。

(2) 绘制结肠内阿米巴包囊形态图并注明各部名称和放大倍数。

思 考 题

(1) 根据溶组织内阿米巴的生活史，在人群中进行传播的是哪个时期？其繁殖方式有何特点？哪个时期对受感染者直接造成损害？

(2) 肠外阿米巴病主要危害哪些脏器？有哪些严重的临床表现？为什么大多数人感染后为无症状阿米巴带虫者？

(3) 确诊肠道阿米巴病、肠外阿米巴病采取哪些实验诊断方法？能查到哪些时期？检查时应注意哪些事项？

(4) 如何鉴别溶组织内阿米巴包囊和结肠内阿米巴包囊？

(二) 致病性自由生活阿米巴

致病性自由生活阿米巴能在自然环境中生存繁殖并可在动物体内发育增殖。滋养体可经鼻腔，穿过鼻黏膜和筛状板，沿嗅神经侵入脑，引起脑损害，也可经伤口或眼结膜侵入人体。

【实验目的】

了解滋养体、包囊的基本形态。

【实验方法】

福氏耐格里阿米巴

1. 形态观察

(1) 滋养体：长阿米巴形，7 μm×22 μm，向一端伸出伪足，运动活泼，细胞质内含有伸缩泡和食物泡。染色后泡状核内含有一大而致密的核仁，与核膜间有一明显间隙。在一定环境中可形成有 2 根鞭毛的滋养体。

(2) 包囊：圆形，直径 9 μm，单核，囊壁光滑，核的结构同滋养体。

2. 病原学检查

(1) 脑积液检查滋养体：脑脊液涂片检查滋养体。也可用脑脊液接种小鼠鼻腔，待小鼠发病后取脑组织检查。

(2) 组织液培养法：检查福氏耐格里阿米巴。

棘阿米巴

1. 形态观察

(1) 滋养体：长椭圆形，10～40 μm，活动迟缓，表膜有棘状突起。

(2) 包囊：圆形或类圆形，外壁常皱缩，内壁光滑，呈多边形。

2. 病原学检查　同福氏耐格里阿米巴。

【实验结果】

说明自由生活阿米巴是如何感染人体的，应注意哪些预防措施？

二、鞭毛虫

(一) 蓝氏贾第鞭毛虫

蓝氏贾第鞭毛虫(*Giardia lamblia*)简称贾第虫，有滋养体和包囊两个时期。滋养体寄生于十二指肠及胆囊内，以纵二分裂法繁殖；四核包囊是感染时期。蓝氏贾第鞭毛虫是一种机会致病性原虫。

【实验目的】

(1) 掌握蓝氏贾第鞭毛虫滋养体、包囊的形态特征。

(2) 熟悉蓝氏贾第鞭毛虫的检查方法。

【实验材料】

1. 标本　蓝氏贾第鞭毛虫滋养体染色玻片标本、蓝氏贾第鞭毛虫包囊染色玻片标本、蓝氏贾第鞭毛虫包囊悬混液。

2. 试剂及仪器　普通离心机、33%硫酸锌。

3. 其他　离心管、显微镜、香柏油、载玻片、盖玻片。

【内容与方法】

1. 形态观察

(1) 滋养体(染色玻片标本)：倒置梨形，细胞核 2 个，呈泡状，内有 1 个较大的核仁(像 1 对鸡眼)；有鞭毛 4 对、轴柱 1 对及 2 个半月形的中体(彩图 59)。

(2) 包囊(染色玻片标本)：椭圆形，大小(10～14 μm)×(7～10 μm)，囊壁较厚，核 4 个，成对地分布在虫体的前半；内可见轴柱及鞭毛(彩图 60)。

2. 病原检查　在粪便或十二指肠液中检查包囊或滋养体。

3. 技术操作

(1) 粪便生理盐水直接涂片法：水样稀便中检查滋养体；成形粪便碘液染色检查包囊。

(2) 粪便硫酸锌浮集法(示教)：

1) 原理：利用包囊的比重小于硫酸锌溶液的比重，经离心后集中于液体表面。

2) 方法：取粪便 1 g，加清水 10 mL 充分搅匀，经纱布过滤转入离心管内，2 000～2 500 r/min离心 1 min，倾去上清液，再加清水混匀，离心，如此重复 3 次。弃尽上清液，加 33%硫酸锌溶液 1～2 mL，调匀后再加此液至距管口 0.5 cm 处。以 2 000 r/min 离心 1 min，垂直放置离心管。用金属圈黏取表面液膜 2～3 次，置载玻片上加碘液镜检。

3) 注意事项：加硫酸锌溶液前要将管内残液尽量倒尽；用金属圈黏取液膜时不可搅动液面；离心后应立即取样检查，以免包囊下沉或变形。

(3) 十二指肠引流液检查法：多次粪便检查阴性而又疑为本病者可采用此法。可采用直接涂片或离心后取沉渣检查。缺点是患者不易接受。

(4) 十二指肠胶囊拖线法：受检者吞下装有尼龙线的胶囊，线的游离端留于口外，胶囊溶解后，尼龙线松开伸展，3～4 h 后到达十二指肠和空肠，滋养体黏附于尼龙线上，然后慢慢拉出尼龙线，刮取附着物加生理盐水涂片镜检。

【实验结果】

绘制蓝氏贾第鞭毛虫滋养体、包囊形态图并注明各部名称和放大倍数。

思 考 题

蓝氏贾第鞭毛虫寄生在人体什么部位？其致病情况和传播方式如何？

(二) 阴道毛滴虫

阴道毛虫(*Trichomonas vaginalis*)的生活史简单，仅有滋养体一个阶段，以纵二分裂法繁殖，通过直接或间接接触方式传播。

【实验目的】

掌握阴道毛滴虫滋养体的活动特点及形态特征；阴道毛滴虫的检查方法。

【实验材料】

1. 标本　阴道毛滴虫滋养体染色玻片标本。

2. 其他　显微镜、香柏油、载玻片、盖玻片。

【实验方法】

1. 形态观察

(1) 滋养体(染色标本)：梨形，前端有鞭毛 4 根，一侧有波动膜，其长度不超过虫体的一半，膜的外缘为后鞭毛；细胞核 1 个，椭圆形；虫体中央有轴柱穿过并向后端伸出(彩图 61)。

(2) 滋养体(活标本)：取阴道分泌物或阴道毛滴虫活体培养涂片镜下观察虫体，为无色梨形小体，虫龄较老或气温较低时虫体变圆。虫体在液体中呈螺旋状转动。轴柱伸出虫体后端，往往黏附一些细胞碎屑。

2. 病原检查　在阴道分泌物中检查滋养体。

3. 技术操作

(1) 生理盐水直接涂片法：取阴道后穹隆及阴道壁部分泌物作生理盐水涂片镜检。

冬季检查应注意保温。

(2) 滴虫培养法：取阴道分泌物置肝浸汤培养基中，于37℃孵育48 h后镜检。

(3) 尿液检查：收集2～3 mL初始尿液于消毒盛器内，离心沉淀，取沉淀物镜检或培养。

(4) 前列腺分泌物检查：以前列腺按摩法获取前列腺分泌物镜检或培养。

【实验结果】

绘制阴道毛滴虫滋养体形态图并注明各部名称和放大倍数。

思 考 题

(1) 阴道毛滴虫寄生于人体什么部位，是如何传播的？

(2) 阴道毛滴虫有何危害性？寄生后为什么可增加人体对其他病原体的易感性？

(3) 阴道毛滴虫病病原学学诊断方法包括哪些？

(三) 杜氏利什曼原虫

杜氏利什曼原虫(*Leishmania donovani*)主要寄生在人体单核吞噬细胞内，在人体内的发育阶段为无鞭毛体，在白蛉体内的发育阶段为前鞭毛体。

【实验目的】

(1) 掌握杜氏利什曼原虫无鞭毛体的形态特征。

(2) 熟悉前鞭毛体的形态特征。

(3) 了解白蛉的形态特点。

【实验材料】

1. 标本　杜氏利什曼原虫无鞭毛体染色玻片标本、杜氏利什曼原虫前鞭毛体染色玻片标本。

2. 实验动物与试剂　阳性沙鼠、无鞭毛体阳性鼠、乙醚、70%酒精棉球、碘酒、瑞特染液。

3. 其他　解剖刀、剪刀、弯头钳、镊子、橡皮手套、研钵、鼠解剖板、载玻片、香柏油、显微镜、载玻片、盖玻片。

【内容与方法】

1. 形态观察

(1) 无鞭毛体(利杜体)：取肝脏或脾脏穿刺物涂片经吉姆萨染色的玻片标本，在低倍镜下找到涂片效果较好的部位，再换油镜观察。一个巨噬细胞内一般可见20～100个虫体，圆形或椭圆形，大小(2.9～5.7 μm)×(1.8～4.0 μm)；内有一个较大的球形核，呈红色或紫红色；杆状动基体位于核旁，着色较深。有时可见紧靠动基体旁有一点状基体，由此发出1条根丝体。感染较多时，可见到游离于细胞外的无鞭毛体，必须与血片中的血小板区别。较罕见的情况下，巨噬细胞内可见有荚膜组织胞质菌寄生，其形态与利什曼原虫相似，但只有一核而无动基体，应注意鉴别(彩图62)。

(2) 前鞭毛体(细滴体)：虫体呈梭形，核位于中部，动基体在前端较宽部位；基体在动基体之前，由此发出1根鞭毛游离于虫体外，常聚集成簇，排列呈菊花状(彩图63)。

（3）白蛉：体长 1.5～5 mm，呈灰黄色，全身密被细毛；头部球形，复眼大而黑，触角细长，口器为刺吸式，喙约与头等长；胸背隆起呈驼背状；翅狭长，末端尖，上有许多长毛；足细长，多毛。

2. 病原检查　从患者组织中查见无鞭毛体为确诊依据。

3. 免疫诊断　常用的有 ELISA、IHA 等。

4. 技术操作

（1）骨髓、淋巴结穿刺和皮肤活组织涂片检查杜氏利什曼原虫：杜氏利什曼原虫在巨噬细胞丰富的肝、脾、骨髓及淋巴结中可以查见。临床上常采用安全、检出率高的骨髓穿刺法进行检查（实验可用无鞭毛体阳性的沙鼠脾代替）。

操作：麻醉沙鼠并固定在解剖板上；戴手套，在无菌操作下剖开鼠腹，取出脾；切开脾，将脾的剖面在载玻片上作印片或涂片，待自然干燥后，用瑞特或吉姆萨染色；镜检。

（2）人工培养检查鞭毛体。

（3）动物接种：用于科研、教学或临床检验的需要，将无鞭毛体接种于地鼠或长爪沙鼠体内进行保种或病原学检查。

操作：按上述各步准备阳性鼠肝或脾混悬液；用消毒的卡介苗注射器吸取 0.5 mL 悬液注入健康沙鼠腹腔内，经 3～4 周后按上法的操作检查实验鼠是否已受感染。

【实验结果】

绘制杜氏利什曼原虫无鞭毛体、前鞭毛体形态图并注明各部名称和放大倍数。

思 考 题

（1）临床诊断黑热病常采用哪些病原学的实验方法？

（2）黑热病原虫生活史过程有哪些阶段？各阶段的形态特征？

（3）杜氏利什曼原虫可引起哪些常见的临床表现？主要寄生在人体的哪些器官？

三、孢子虫

（一）疟原虫

感染人体的疟原虫共有 5 种：恶性疟原虫（*Plasmodium falciparum*）、间日疟原虫（*Plasmodium vivax*）、三日疟原虫（*Plasmodium malariae*）、卵形疟原虫（*Plasmodium ovale*）和诺氏疟原虫（*Plasmodium knowlesi*），其中在我国流行严重的是间日疟原虫和恶性疟原虫。疟原虫在人体的寄居部位为肝细胞和红细胞，在红细胞内的寄生时期为主要致病阶段，引起的疾病叫疟疾。

【实验目的】

（1）掌握间日疟原虫红内期各阶段及配子体的形态特征；恶性疟原虫环状体及配子体形态特征；薄血膜的制作及瑞特、吉姆萨染色方法。

（2）熟悉厚血膜的制作及厚涂片中疟原虫的形态特点。

（3）了解三日疟原虫、卵形疟原虫的形态特点。

【实验材料】

1. 标本　疟原虫薄血片吉姆萨染色玻片标本、疟原虫厚血片吉姆萨染色玻片标本。

2. 试剂　甲醇、吉姆萨染液。

3. 其他　香柏油、显微镜、载玻片、盖玻片。

【实验方法】

1. 形态观察

(1) 间日疟原虫红内期与配子体：

1) 薄血片吉姆萨染色标本：① 环状体(早期滋养体)：呈环状，细胞质蓝色环形，中间有空泡；核红色点状，位于环之一侧，约占红细胞直径的1/3(彩图64)。② 大滋养体(晚期滋养体)：形状多不规则，细胞质增多，出现黄褐色疟色素。核增大，但未分裂(彩图65)。③ 未成熟裂殖体(早期裂殖体)：细胞质不分裂，虫体渐呈圆形，空泡消失。细胞质内疟色素仍较多并开始集中；核开始分裂，数目在2个以上(彩图66)。④ 成熟裂殖体(晚期裂殖体)：裂殖子为12～24个，排列不规则，疟色素集中成堆，虫体占满胀大的红细胞(彩图67)。⑤ 配子体：体积较大，圆形或椭圆形。细胞质规则，没有空泡。核1个，坚实或疏松。疟色素颗粒较多，分布均匀(彩图68)。

2) 厚血片吉姆萨染色标本：① 环状体(早期滋养体)：体积较小，形状大多为惊叹号“!”、问号“?”状、飞鸟状或间断的环状，有时可见完整环状。空泡有或无，核一个(彩图69)。② 大滋养体(晚期滋养体)：体积较大，形状多不规则，胞质断裂成块，核较大，1个。疟色素颗粒较明显(彩图70)。③ 未成熟裂殖体(早期裂殖体)：体积较大，形状不规则或较规则，核2个以上，疟色素颗粒较多(彩图71)。④ 成熟裂殖体(晚期裂殖体)：体积较大，为不规则的圆形或椭圆形，核12个以上。疟色素集中成块(彩图72)。⑤ 配子体：体积较大，圆形或椭圆形。细胞质有时断裂成块或腐蚀(有不着色的缺损处)。核1个，坚实或疏松。疟色素颗粒较多，分布均匀(彩图73)。

(2) 恶性疟原虫环状体与配子体(吉姆萨染色示教标本)：

1) 环状体(早期滋养体)：纤细，直径约为红细胞的1/6，有1～2个核(核的早期分裂)，有时寄生于红细胞的边缘，核突出于红细胞外缘，胞质只有两条弧形的线，如飞鸟状(彩图74)。

2) 配子体：香蕉状，核及疟色素均集中于中央。有时，受疟原虫寄生的红细胞外缘看不清(彩图75)。

(3) 三日疟原虫裂殖体(吉姆萨染色示教标本)：核6～12个，呈单瓣菊花状排列，疟色素聚集于中央(彩图76)。

(4) 子孢子(玻片染色示教标本)：细长梭状，内含一个紫红色的核。

(5) 卵囊(玻片染色示教标本)：蚊胃壁上圆形的小囊，成熟的还可见其内有成簇排列的子孢子。

(6) 按蚊：翅脉上有黑白鳞片组成的斑点。

2. 病原学检查　血液中查见疟原虫为诊断依据。

3. 技术操作

(1) 薄血膜染色法：此法的优点是疟原虫形态典型，容易鉴虫种；缺点是原虫数量较少，检查费时，容易漏检。

1）原理：疟原虫寄生于红细胞内，采血制成薄血膜后染色镜检可查见原虫。

2）薄血膜制作及吉氏染色方法：① 耳垂皮肤消毒，采血；② 推片：左手用拇指和食指握住玻片两端，右手取一干净推片握住两边，用推片的一端去括取耳垂或手指血，迅速按在玻片中段面上，使推片和玻片呈 30°角往前轻轻推去，推片角度与血膜的厚薄有关（图 2-4）；③ 血膜的规格：血膜要求玻片两边留有余地，尾部末端要呈舌形；④ 血片干燥，甲醇固定；⑤ 吉姆萨染色：将吉姆萨原液（染色配制方法见规划教材）用 pH 6.8～7.2 的缓冲液作 15～20 倍稀释。在血膜上滴加稀释的吉姆萨染液，染色 20～30 min（37℃条件下仅需 15 min），用自来水轻轻冲洗，干燥后镜检。

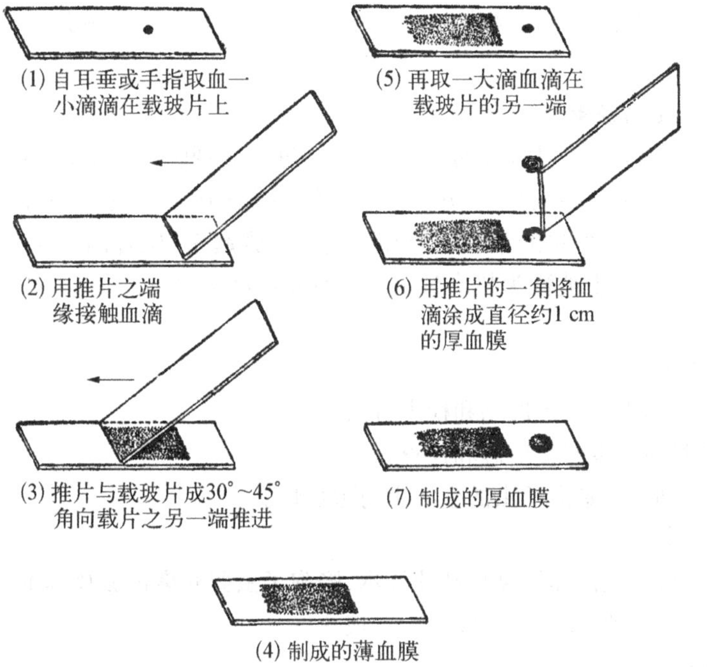

图 2-4 厚薄血膜制作

3）注意事项：① 取载玻片时，指面不要捏住玻片，以防皮脂腺分泌物污染玻片；② 推片时速度须均匀，以防血膜上出现条状横纹；③ 涂片干燥过程中要防止蝇类舐食。

（2）厚血膜染色法：此法取血量多于薄血膜法，而血膜面积较小，能达到浓集疟原虫的目的，故可提高检出率。但因此法红细胞被溶解，疟原虫虫体皱缩，虫体鉴定较困难，故一般应同时制作厚薄血膜（图 2-4）。

（3）血沉棕黄色层定量检查法（QBC）方法：其原理是感染疟原虫的红细胞比正常红细胞轻，又比白细胞重，离心后分层，受染红细胞即集中于正常红细胞压积层的上面。操作方法如下：指尖采血置于装有 0.01%吖啶橙、草酸钾、肝素、EDTA 和 1 个与白细胞比重相同的塑料浮子的特制毛细管中，再加塑料封帽于管的另一端，10 000 *g* 离心 5 min。将 QBC 管水平放在有口的专用板上，滴香柏油，镜检；用落射荧光显微镜检查 1 min。疟原虫胞核呈绿色光点，胞质为橘黄或红色，多集中于白细胞与正常红细胞交界处约 1 mm

的区带中。白细胞的核虽亦呈绿色光点，但至少比疟原虫的核大5倍，可根据光点的大小和形状区别之。

【实验结果】

用彩色铅笔绘出观察到的各期疟原虫并注明各部名称和放大倍数。

思 考 题

(1) 人是疟原虫的什么宿主？按蚊是什么宿主？间日疟原虫红细胞内期包括哪些阶段？

(2) 根据间日疟原虫的生活史解释疟疾的潜伏期、周期性寒热发作、复发和再燃？

(3) 在恶性疟患者的外周血液中能查到恶性疟原虫的哪个时期？为什么？

(二) 机会致病原虫

有些原虫在感染免疫功能正常的个体，宿主并不表现临床症状，暂时处于隐性感染状态。但当机体抵抗力下降或免疫功能不全时，例如艾滋病患者、长期接受免疫抑制剂治疗或晚期肿瘤患者，这些原虫的繁殖能力和致病力增强起来，患者出现明显的临床症状，甚至危及生命。这些原虫被称为机会致病原虫(*Opportunistic protozoan*)，如弓形虫、隐孢子虫等。

【实验目的】

(1) 掌握弓形虫滋养体形态和检查方法。

(2) 熟悉隐孢子虫卵囊形态和检查方法。

(3) 了解弓形虫、隐孢子虫的生活史与致病性。

【实验材料】

1. 标本 弓形虫滋养体染色玻片标本、隐孢子虫卵囊染色玻片标本。

2. 其他 香柏油、显微镜、载玻片、盖玻片。

【内容与方法】

刚地弓形虫(*Toxoplasma gondii*)

1. 形态观察

滋养体形态(示教)：香蕉形或半月形，一端较尖，一端钝圆；长4～7 μm，吉姆萨染色可见一红色的核，位于虫体中央，核仁较大，细胞质呈淡蓝色(彩图77)。

2. 病原学检查 在各组织、细胞和体液中查到滋养体为确诊依据。

3. 免疫诊断 常用的诊断方法有染色试验、IHA、ELISA等。

4. 技术操作

(1) 患者体液直接涂片法：将体液离心沉淀，取沉渣涂片，作瑞特、吉姆萨染色。

(2) 虫体分离法：取患者体液或病理材料做成悬液接种小鼠，一周后如为阴性应取小鼠内脏及脑组织盲传1～2代。

(3) 染色试验：为弓形虫特有的经典的血清学方法。

微小隐孢子虫(*Cryptosporidium parvum*)

1. 形态观察

卵囊(示教)：圆形或椭圆形，直径 4～7 μm，经金铵-酚染色结合改良抗酸染色后，可见内有 4 个月牙形子孢子，排列不规则，有时可见黑色残留体。

2. 病原学检查　从患者粪便中或肠黏膜刮拭物中查找卵囊。

3. 技术操作　金胺-酚改良抗酸染色法。

(1) 试剂配制：

A 液：金胺 0.1 g，苯酚 5.0 g，蒸馏水 100 mL。

B 液：盐酸 3 mL，95%酒精 100 mL。

C 液：高锰酸钾 0.5 g，蒸馏水 100 mL。

D 液：酸性复红 4.0 g，95%酒精 20 mL，苯酚 8 g，蒸馏水 100 mL。

E 液：浓硫酸 20 mL 缓缓加入 90 mL 蒸馏水中，边加边摇。

F 液：孔雀绿 0.2 g，溶于 100 mL 蒸馏水中。

(2) 染色方法：先将粪便在洁净的载玻片上涂成薄膜，自然干燥后用甲醇固定 5 min。滴加 A 液于粪膜上，10～15 min 后水洗；滴加 B 液 1 min 后水洗；最后滴 C 液，1 min 后水洗，待干。然后滴加 D 液于标本上，5～10 min 后水洗；滴加 E 液 1～10 min 后水洗；滴加 F 液 1 min 后水洗，待干，置显微镜(油镜)下观察。

(3) 结果观察：镜下可见隐孢子虫卵囊呈玫瑰红色，圆形或椭圆形，背景蓝绿色。

四、纤毛虫

结肠小袋纤毛虫(*Balantidium coli malmsten*)

【实验目的】

熟悉结肠小袋纤毛虫的形态特点。

【实验方法】

1. 形态观察

(1) 滋养体(铁苏木素染色示教标本)：为人体寄生原虫中最大者，呈椭圆形，大小为(50～200 μm)×(20～80 μm)。体表有许多纤毛，体前端有一胞口，下连漏斗状的胞咽，后端可见胞肛。有核 2 个，大核肾形，小核球形并位于大核的凹陷部。

(2) 包囊：圆形或椭圆形，囊壁较厚，囊内细胞质呈颗粒状，有大核一个。

2. 病原检查　用粪便生理盐水直接涂片法查滋养体和包囊。此外，还可用纤维肠镜活组织检查滋养体。

【实验结果】

结肠小袋纤毛虫可寄生于哪些动物？人是如何感染的？对人有何危害？

(吴　凯　李　健)

第三节 医学节肢动物

一、昆虫

(一) 蚊

蚊(mosquito)属于双翅目(Diptera)、蚊科(Culicidae),是最重要的一类医学昆虫类群,蚊分布很广,种类很多,迄今全世界已记录蚊虫共 3 亚科、38 属、3 350 多种和亚种。我国已发现蚊类有 18 属 374 种(亚种),与疾病有关的常见蚊类有按蚊、库蚊、伊蚊三个属,蚊的发育为完全变态,生活史包括卵、幼虫、蛹和成虫 4 个阶段。

【实验目的】

(1) 掌握医学昆虫的范畴及其与疾病的关系。

(2) 熟悉蚊虫生活史中各期的一般形态,三属蚊的幼虫和成蚊的形态特征,三属蚊的鉴别要点。

(3) 了解昆虫全变态的含义及生态。

【实验材料】

1. 标本 三属蚊卵玻片标本、成蚊针插标本、幼虫玻片标本、蚊蛹玻片标本、雌、雄蚊头部玻片标本。

2. 其他 显微镜。

【实验方法】

1. 形态观察

(1) 蚊卵(活标本及玻片标本):分别用肉眼和低倍镜观察。

1) 按蚊卵:卵体形呈舟状,中部两侧有浮囊,分散,常排成图案状,产出后浮在水面。

2) 库蚊卵:卵呈圆锥形,一端较粗,无浮囊,棕黄色,卵产出后多个相聚成筏,直立浮在水面。

3) 伊蚊卵:卵呈纺锤形,无浮囊,色较深,卵产出后单个分散沉于水底。

(2) 蚊幼虫(活标本及玻片标本):分别在盛水容器中观察或用低倍镜观察。

活幼虫在水面下进行呼吸时,按蚊的幼虫与水面平行,库蚊与伊蚊的幼虫在水面下进行呼吸时,虫体与水面成角度,头下垂,呼吸器露出水面。蚊幼虫受惊时迅速下沉,运动活泼。

1) 按蚊幼虫:虫体分头、胸、腹三部分;腹部分 9 节,第 3~7 腹节背面两侧,每腹节各有 1 对发育完善的掌状毛;前 8 腹节背面中央有背板,第 8 腹节背面有呼吸孔 1 对,但无呼吸管。

2) 库蚊幼虫:虫体分节同按蚊,腹部背面无掌状毛及背板。第 8 腹节背面无呼吸孔,但在第 8 腹节后缘背面伸出一细长的呼吸管,管上有数对毛丛及两行梳齿。

3) 伊蚊幼虫:与库蚊幼虫相似,但呼吸管一般较粗短,呼吸管上只有 1 对毛丛。

(3) 蚊蛹(活标本玻片标本):分别在盛水容器中观察和低倍镜下观察。

蚊蛹呈逗点状，膨大的部分是头胸部，弯曲狭小部分是腹部，胸部有 1 对喇叭状呼吸管，在水面下呼吸时，其开口露出水面。按蚊蛹形如逗点，呼吸管口阔，形似漏斗状，管口有裂隙。库蚊蛹形似按蚊蛹，但呼吸管细长，呈管状。伊蚊蛹形似按蚊蛹，但呼吸管短而宽，管口呈三角形或斜面，无裂隙。蛹受惊迅速下沉。

观察蚊蛹玻片标本时，注意观察蛹的一般形态结构及呼吸管的特征。

(4) 成蚊(针插标本)：肉眼观察(彩图 78)。

成蚊分头、胸、腹三部分，头部似半球形，有复眼和触角各 1 对，触角分 15 节，各鞭节上都有轮毛，雌蚊的轮毛短而稀，雄蚊的轮毛长而密。有触须 1 对及喙一根，较粗长而不分节。胸部分前胸、中胸和后胸，其背面有翅膀 1 对，翅狭而长，有平衡棒 1 对。从胸部下方生长出足 3 对，细而长。鉴别要点为：喙长，翅脉上及翅后缘都有鳞片。腹部共分 11 节，第 2～7 节明显，第 8～11 节转变为外生殖器，前 7 节分别由一背板、一腹板和两块侧膜组成。背板与腹板之间有一气门。雌蚊尾端有尾须 1 对，雄蚊尾端是 1 对钳状的抱器。生殖系统的形态是鉴定蚊种的重要依据。三属成蚊形态鉴别如下：

1) 按蚊：蚊体通常呈灰褐色，雌蚊触须与喙等长，雄蚊触须长，末端膨大。翅上大多一致，具有黑白鳞片所组成的斑点。

2) 库蚊：蚊体常呈黄褐色，雌蚊触须短于喙，雄蚊触须长，但末端不膨大。翅上鳞片大多一致。

3) 伊蚊：蚊体常呈黑色，雌蚊触须短于喙，雄蚊触须与喙等长，但末端不膨大，翅上鳞片大多一致，大多蚊种在胸腹及足上有白纹饰，如白蚊伊蚊的中胸背板前部正中有一白色纵纹。

4) 蚊的翅脉：低倍镜或放大镜观察，翅狭长，分翅基、翅尖、前缘及后缘各部，翅上有从翅基向翅尖走向的翅脉，称纵脉。蚊的纵脉有前缘脉、亚前缘脉及第 1、2、3、4、5、6 等纵脉，其中第 2、4、5 纵脉各分两支，其余均为单支。

在翅脉和翅的后缘上均被有纵脉和鳞片，后缘上的鳞又称缘缨(fringe)。

(5) 雌、雄蚊头部(玻片标本)：仔细观察眼、触角、触须及喙的结构。喙是怎样构成的？各有何特征？如何区别雌、雄蚊？

2. 国内常见蚊种

(1) 中华按蚊：体中型，灰褐色。触须具有 4 个白环，顶端 2 个较宽，另 2 个较窄；翅前缘具 2 个白斑，尖端白斑大，后足 1～4 跗节具窄端白环。该蚊是疟疾和马来丝虫病的主要传播媒介。

(2) 嗜人按蚊：与中华按蚊相似，体中型，灰色，但触须较细，第 4 白环很窄或缺如；翅前缘基部一致暗色，尖端白斑小。该蚊是疟疾和马来丝虫病的重要传播媒介。

(3) 微小按蚊：体小，棕褐色。雌蚊触须具 3 个白环，末端 2 个白环等长并夹一约等长的黑环；翅前脉具有 4 个白斑。各足跗节一致暗色，是疟疾的主要传播媒介。

(4) 大劣按蚊：体中型，灰褐色。雌蚊触须具 4 个白环，顶端白环最宽。翅前缘脉有 6 个白斑，各足股节和胫节都有白斑，后足胫节和第 1 跗节关节处有一明显的宽白环。该蚊是传播疟疾的主要传播媒介。

(5) 淡色库蚊与致倦库蚊：其共同特征是：淡褐色，喙无白环；各足跗节无淡色环；腹部背面有基白带，但淡色库蚊基白带下缘平整，而致倦库蚊基白带的下缘呈弧状。这两种库蚊是班氏丝虫病的主要传播媒介。

(6) 三带喙库蚊：体小，棕褐色。喙中段有一宽阔白环，触须尖端为白色；各足跗节基部有一细窄的白环；腹节背面基部均有中间稍向下突出的淡黄色狭带。该蚊是流行性乙型脑炎的重要传播媒介。

(7) 白蚊伊蚊：体中等，黑色，有银白色斑纹。在中胸盾片上有一正中白色纵纹，自盾片前缘向后达盾片的 2/3 处。后跗节 1～4 节有基白环，末节全白。腹部背面 2～6 节有基白带。该蚊是登革热的重要媒介，还能传播乙型脑炎。

3. 医学意义　蚊叮刺人吸血，被叮刺处有痒感，重者出现丘疹样荨麻疹，影响工作和睡眠。蚊还可传播疾病，生物性传播是蚊类主要传播方式，所传播的疾病有疟疾、丝虫病、流行性乙型脑炎、登革热、黄热病、其他病毒病。

【实验结果】

观察标本，填写三属蚊虫主要形态表(表 2-2)。

表 2-2　三属蚊虫主要形态鉴别表

虫期	区别 \ 属名	按蚊	库蚊	伊蚊
成虫	蚊体颜色			
	雄蚊触须			
	雌蚊触须			
	翅			
	停落时的姿态			
幼虫	呼吸管			
	掌状毛			
	静态			
蛹	呼吸管			

思考题

(1) 蚊可传播哪些疾病？通过什么方式传播？

(2) 三属蚊卵、幼虫和成蚊有何区别？

(3) 何为生态？以蚊为例，说明生态包括哪些内容？

(二) 蝇

蝇(fly)属于双翅目环裂亚目，种类繁多，全世界已知道 10 000 余种，我国记录有 1 600 余种，经常出没于人畜居住场所的附近，与人的关系极为密切，是多种疾病的传播媒介。蝇的发育为完全变态，生活史包括卵、幼虫、蛹和成虫 4 个阶段。

【实验目的】

(1) 掌握成蝇的形态结构。

(2) 熟悉蝇生活史各期形态特征及重要的蝇种的分类特征。

(3) 了解蝇口器的结构特点、形态结构与致病的关系。

【实验材料】

1. 标本　成蝇针插标本、蝇幼虫瓶装标本、蝇蛹瓶装标本、蝇卵玻片标本、蝇口器玻片标本。

2. 其他　显微镜。

【实验方法】

1. 形态观察

(1) 成虫(针插标本)：用放大镜或肉眼观察。体长 4～14 mm，一类体呈暗灰、黑灰、黄褐、暗褐等色，另一类多呈蓝绿、青、紫等金属光泽。全身披有鬃毛。分头、胸、腹三部分。头部近半球形，两侧有复眼 1 对，头顶有 3 个排成三角形的单眼。颜面中央有 1 对触角，分 3 节，第三节最长，其基部前外侧有根触角芒。口器位于头前。胸部分前、中、后胸，中胸特别发达，中胸背板两侧有翅 1 对，后胸侧板的上方有平衡棒 1 对，有足 3 对。腹部圆筒状，末端尖圆，分 10 节。外观仅见 5 节，其余变为外生殖器。常见的 4 种蝇类的识别如下：

1) 饭蝇：中等大小，深灰色，无金属光泽。胸背部有 4 条纵行黑纹(彩图 79)。

2) 麻蝇：蝇体较大，体灰色，无金属光泽，胸背部有 3 条黑色纵纹，腹部背面有棋盘状相间的黑白斑。

3) 绿蝇：中等大小，有绿色的金属光泽，颊(复眼下方)部呈银白色。

4) 大头金蝇：体肥胖，头比胸宽，具有蓝绿色金属光泽，颊部呈橘黄色，复眼深红色。

(2) 虫卵(玻片标本)：低倍镜观察。蝇卵呈椭圆形或香蕉形，长约 1 mm，乳白色，常堆积成卵块。

(3) 幼虫(瓶装标本)：肉眼观察。多呈乳白色，圆柱形，前尖后钝，后端呈切断状，无足、无眼，后端有色较深的后气门 1 对。

(4) 幼虫(玻片标本)：前端较尖，头一节尖小，有口钩 1 对，胸 3 节。第 1 节两侧有前气门 1 对，腹 10 节，第 8 节后侧有后气门一对，由气门环、气门裂和气门钮构成。第 10 节变为肛板，中间有肛孔。幼虫的口钩、前气门、后气门以及肛板的形状是幼虫分类的重要依据。

(5) 蛹(瓶装标本)：呈圆筒状，长 5～8 mm，棕褐色或黑色，蛹壳即幼虫的外皮，故有分节的痕迹。

(6) 蝇口器(玻片标本)：非吸血蝇的口器为舐吸式，由基喙、中喙和口盘(含有唇瓣 1 对)组成，基喙上有触须 1 对。口器可伸缩折叠，以口盘直接舐吸食物。吸血蝇的口器为刺吸式，由下唇、上唇及舌构成。下唇末端唇瓣很小，具有齿，齿间有叶状割片。

蝇蛆的鉴定：从患者患部取出虫体，在 10%的氢氧化钠溶液中消化，除去附着的肌肉及其他组织，水洗后，加阿拉伯树脂胶透明封片，镜检并鉴定虫种。重点观察后气门，如后气门环是否完整，气门钮的发育程度和位置，气门内是 3 个气门裂还是许多细孔，气门裂的形状、排列和位置，整个后气门的形状以及 2 个后气门的距离等。

2. 医学意义　包括成虫传播多种疾病和蝇幼虫引起的蝇蛆病。

(1) 机械性传播：是蝇类主要传病方式。可传播痢疾、霍乱、伤寒、副伤寒、脊髓灰质炎、肝炎、肠道原虫病、肠道蠕虫病、结核病、细菌性皮炎、雅司病、沙眼和结膜炎等。传播媒介是非吸血蝇类。

(2) 生物性传播：舌蝇(采采蝇)能传播人体锥虫病(睡眠病)，蝇类可作为眼结膜吸吮线虫的中间宿主。

(3) 蝇蛆病：蝇类幼虫寄生人体和动物的组织器官所引起的疾病，如眼蝇蛆病，皮肤蝇蛆病，泌尿生殖道蝇蛆病，创伤蝇蛆病，耳、鼻、咽和口腔蝇蛆病等。能引起蝇蛆病的蝇类有皮蝇、家蝇、绿蝇、厩腐蝇、麻蝇、丽蝇、胃蝇、大头金蝇、狂蝇等。

3. 病原诊断　蝇蛆病的诊断凭检获蝇幼虫即可确诊。

【实验结果】

如何鉴定蝇蛆?

思考题

(1) 蝇的分类依据是什么?

(2) 蝇类能传播哪些疾病? 传播疾病的方式是什么?

(3) 什么是生物性传播和机械性传播?

(4) 试以蚊、蝇为例说明昆虫成虫形态和生活史一般特征。

(三) 白蛉

白蛉(sand flies)属双翅目、长角亚目、白蛉科，种类繁多，我国已报道40余种(亚种)。白蛉的生活史为完全变态，发育过程包括卵、幼虫、蛹和成虫4个阶段。

【实验目的】

(1) 掌握白蛉成虫的形态特征。

(2) 熟悉白蛉与黑热病的关系。

(3) 了解白蛉的生态。

【实验材料】

1. 标本　白蛉成虫针插标本、白蛉卵玻片标本。

2. 其他　显微镜、放大镜。

【实验方法】

1. 形态观察

(1) 成虫(针插标本)：用放大镜或低倍镜观察。

成虫体呈灰黄色或浅灰色，体长1.5～4.0 mm，全身密被细毛。头部球形，复眼大而黑，无单眼，触角细长，分6节。有刺吸式口器，短粗，约与头等长，触须向下后方弯曲。胸背隆起呈驼背状，翅膀狭长，末端尖，被有细毛。足细长，腹部第2～6节背面的毛多为竖立。腹部后端，雌蛉有1对尾须；雄蛉形成复杂的外生殖器。

(2) 卵(玻片标本)：略呈长椭圆形，卵壳具横纹，长约0.4 mm，棕褐色。

2. 医学意义　白蛉除叮人吸血外，在我国可传播内脏利什曼病，主要的种类有：中华白蛉，是除新疆、甘肃西部及内蒙古额济纳旗以外地区黑热病的主要传播媒介；长管白蛉，是新疆南部老居民区黑热病的传播媒介；亚历山大白蛉是新疆地区黑热病的传播媒介；吴氏白蛉是新疆和内蒙古西部等荒漠地区黑热病的传播媒介。

3. 病原检查　在栖息地捕获成虫标本进行鉴定。

【实验结果】

简述白蛉与人体寄生虫病的关系。

思 考 题

(1) 黑热病的致病机制与主要临床表现。

(2) 杜氏利什曼原虫在白蛉体内如何完成生长发育？

(四) 虱

虱(louse)是鸟类和哺乳类动物的体外永久性寄生虫，寄生于人体的有人虱和耻阴虱。人虱又分两个亚种，即人体虱和人头虱，虱的发育为不完全变态，生活史包括卵、若虫和成虫3个阶段。人虱可传播多种疾病，耻阴虱感染已被世界卫生组织(WHO)列为性病之一。

【实验目的】

(1) 掌握人虱和耻阴虱成虫的形态特征。

(2) 熟悉虱虫卵的形态特征。

(3) 了解虱与疾病的关系。

【实验材料】

1. 标本　人虱成虫玻片标本、耻阴虱成虫玻片标本、虱卵玻片标本。

2. 其他　显微镜、放大镜。

【实验方法】

1. 形态观察

(1) 成虫(玻片标本)：用放大镜或低倍镜观察。

1) 人虱：背腹扁平，体狭长，灰白色。雌虫体长2.5～4.2 mm，雄虫体长2.0～3.5 mm。头部略呈菱形，有刺吸式口器，触角1对，分5节约与头相等。触角后有眼1对。胸部3节融合，中胸背面两侧有气门1对。无翅，足3对，跗节末端有爪，爪与胫突合拢形成抓握器。腹部分节明显，外观可分8节，第3～8节片上均有气门，雄虱腹部末端圆钝，有交合刺伸出。雌虱腹部末端有两片尾叶。人体虱和人头虱形态区别甚微，仅在于人头虱体略小、体色稍深、触角较粗短。

2) 耻阴虱：虫体灰白色，体形宽短似蟹，雌虱体长1.5～2 mm，宽为1.5 mm，雄性稍小，头短，触角1对，分5节，两性相同。眼位于触角后突上。胸部宽而短，气门6对。足3对，前足及爪均细小，中后足胫节和爪明显粗壮，胸和腹部背面有棘状刚毛，腹部第5～8节侧喙锥形突起，上有刚毛，第8节侧突较长。

(2) 卵(玻片标本)：略呈卵圆形，白色而稍透明，大小为0.3 mm×0.8 mm，一端有一小盖，盖上有一些气室及小孔，卵内有一胚胎，常黏附于毛发或衣服纤维上。

2. 医学意义　虱叮咬吸人血引起皮肤瘙痒和丘疹，搔破后可继发感染。耻阴虱能否传播疾病还不清楚。人虱传播的疾病有流行性斑疹伤寒、虱媒回归热、战壕热等。

3. 病原检查　在寄生部位检查到虱或虫卵即可确诊。应从患者有丘疹和瘙痒处附近的内衣纤维、头发、眉毛或阴毛上收集标本，鉴定虫种。

【实验结果】

观察标本并比较人虱及耻阴虱成虫的形态特征。

思 考 题

(1) 什么是完全变态和不完全变态？

(2) 昆虫纲、蛛形纲的节肢动物在形态上各自有哪些形态特征？

(五) 蚤

蚤(flea)是哺乳动物和鸟类的体外寄生虫，种类虽多，全世界已知约 2 500 余种(亚种)，我国已知有 640 种(亚种)，仅少数与传播人兽共患病有关。蚤发育为完全变态，生活史包括卵、幼虫、蛹和成虫 4 个阶段。

【实验目的】

(1) 掌握蚤成虫的一般形态特征。

(2) 熟悉蚤的医学意义。

(3) 了解蚤的生态。

【实验材料】

1. 标本　蚤成虫玻片标本、若虫玻片标本、卵玻片标本。

2. 其他　放大镜、显微镜。

【内容】

1. 形态观察　成虫和虫卵都为示教标本。

(1) 成虫(玻片标本)：在低倍镜下观察，虫体小，两侧扁平，呈棕黄或深褐色。体表有许多鬃毛及刺，体分头、胸、腹三部分。头部略似三角形，头部中央有触角窝，眼 1 对，位于触角窝的前方。触角 1 对，分 3 节，位于触角窝内。口器为刺吸式，位于头的前下方。胸部分 3 节，无翅，足 3 对，长而发达，以基节最为宽大，适于跳跃，末端有爪 1 对。腹部由 10 节组成，前 7 节为正常腹节，雄蚤 8、9 腹节和雌蚤第 7～9 节变形为外生殖器，第 10 腹节为肛节。

(2) 虫卵(玻片标本)：呈卵圆形，长 0.4～2.0 mm，产出时为白色或暗黄色，表面光滑。

(3) 若虫(玻片标本)：外形与成虫相似，体较小，尤以腹部较短，生殖器官未发育成熟。

2. 医学意义　① 骚扰吸血：叮咬后，局部皮肤出现红斑以至丘疹，重者出现丘疹样荨麻疹。② 寄生：潜蚤的雌蚤寄生于人体皮下，引起潜蚤病。③ 传播疾病：生物性传播方式传播鼠疫、斑疹伤寒、野兔热和犬复孔绦虫、缩小膜壳绦虫病和微小膜壳绦虫病。

3. 病原检查　蚤属变温性节肢动物，宿主为温血的脊椎动物，成虫必须到宿主身上吸血，故应在各种环境中采集到蚤，再制作标本鉴定虫种。

【实验结果】

注意观察成蚤的形态特点。

思 考 题

(1) 蚤传播疾病的方式是什么？

(2) 蚤可传播哪些疾病？

(3) 何为变态发育？

(六) 臭虫

臭虫(bedbug)吸食哺乳动物及鸟类的血，吸食人血的臭虫有温带臭虫和热带臭虫，常在人居室内栖息繁殖。臭虫发育为不完全变态，生活史包括卵、若虫、成虫 3 个阶段。

【实验目的】

(1) 掌握吸人血两种臭虫成虫的形态要点。

(2) 熟悉臭虫卵的形态特征。

(3) 了解臭虫的医学意义。

【实验材料】

1. 标本　臭虫成虫玻片标本、卵玻片标本、若虫玻片标本。

2. 其他　放大镜、显微镜。

【实验方法】

1. 形态观察

(1) 成虫(玻片标本)：用低倍镜或放大镜观察。虫体椭圆形，背腹扁平，长 4～5 mm，宽 3 mm，红褐色，全身披有细毛，分为头、胸、腹三部，头呈短三角形，无颈，头两侧有突出的复眼 1 对，呈黑色。复眼的前内方有触角 1 对，分 5 节。头前端有刺吸式的口器，为刺破皮肤的器官。胸部分前、中、后胸，前胸最大，中胸小，其背板呈倒三角形，后胸背板被 1 对翅基覆盖。有足 3 对，足跗节分 3 节，末端有爪 1 对。腹部宽阔，外观可见 8 节。雌虫腹部后端钝圆，末端有生殖孔。雄虫腹部后端窄而尖，端部有一镰刀形的阴茎。

(2) 卵(玻片标本)：温带臭虫卵呈卵圆形，长 5.6 mm，热带臭虫卵长 7.0 mm，前端有盖，黄白色。

(3) 若虫(玻片标本)：外形似成虫，但甚小，乳白色。

2. 医学意义　臭虫夜晚吸血骚扰，使人夜不能眠，叮咬人吸血时使局部皮肤出现红肿、痛、痒。可传播疾病有回归热、麻风、鼠疫、脊髓灰质炎、结核病、锥虫病、东方疖、黑热病等。

3. 病原检查　在人居住的环境中，如床、木器、墙壁、杂物，凡能作为臭虫隐匿和滋生的缝隙等处采集标本，以鉴定虫种。

【实验结果】

仔细观察臭虫成虫的形态特征。

思 考 题

(1) 能致病的臭虫有几种?
(2) 臭虫可能传播哪些疾病?
(3) 何为自然疫源性疾病?

(七) 蜚蠊

蜚蠊(cockroach)俗称蟑螂,种类多,常栖息生活在温湿、食物丰富的室内,白天隐藏,夜间活动。杂食性,耐饥力较强,可传播多种疾病。臭虫发育为不完全变态,生活史包括卵、若虫和成虫3个阶段。

【实验目的】

(1) 掌握蟑螂的形态特征。
(2) 熟悉蟑螂的生活习性。
(3) 了解蟑螂传播的疾病。

【实验材料】

1. 标本 蟑螂成虫针插标本、卵荚瓶装标本、若虫瓶装标本。
2. 其他 放大镜、显微镜。

【实验方法】

1. 形态观察

(1) 成虫(针插标本):肉眼观察。成虫呈椭圆形,体长者可达90 mm,小的仅2 mm,室内常见者为10~35 mm。体呈褐色、油亮,头小,且向下倾斜。复眼1对,呈肾形。触角1对,细长,口器为咀嚼式。胸部有翅2对,足3对,发达。腹部扁宽,末端有尾须1对。

(2) 卵荚(瓶装标本):褐色,长约1 cm,呈钱包状,内含卵10~56粒,成对垂直排列,储于其内。

(3) 若虫(瓶装标本):若虫刚从卵荚中爬出时,体呈白色、无翅,发育缓慢,有较强的耐饥饿能力。

2. 医学意义 蟑螂可携带30多种病原体,通过机械性传播多种疾病,是一种重要的潜在媒介,还可以作为蠕虫(美丽筒线虫、东方筒线虫、念珠棘头虫、缩小膜壳绦虫等10多种蠕虫)的中间宿主。

3. 病原检查 在居室内检查到成虫、若虫、卵荚即可确诊。将成虫制作标本,鉴定虫种。

【实验结果】

观察成虫的形态特征。

思 考 题

蟑螂传播疾病的方式是什么?

(八) 毒隐翅虫

毒隐翅虫(*Paederus*)分布广泛,属于鞘翅目、隐翅虫科、毒隐虫亚科、毒隐翅虫属,我国主要有 19 种,可引起皮炎,常见的有褐足隐翅虫、圆胸隐翅虫和黑足隐翅虫等。毒隐翅虫发育为完全变态,生活史包括卵、幼虫、蛹和成虫 4 个阶段。

【实验目的】

(1) 掌握毒隐翅虫成虫的形态特征。

(2) 熟悉毒隐翅虫的致病机制和表现。

(3) 了解毒隐翅虫的防治。

【实验材料】

标本 毒隐翅虫成虫针插标本。

【实验方法】

1. 形态观察

成虫(褐足毒隐翅虫,针插标本):肉眼观察。体红褐色,有光泽,长 6.5~7.0 mm,头部黑大,复眼褐色,触角丝状,11 节,除基部 3、4 节外,其余各节黑褐色。前胸发达,背板长圆形,后部略窄。前翅特化为鞘翅,长方形,黑色,带有青蓝色金属光泽,后翅膜质,静止时叠置鞘翅下。足黑褐色,末端有尾须 1 对。

2. 医学意义 毒隐翅虫的血液和淋巴液中含有剧烈的接触性毒素,叫毒隐翅虫素,为非蛋白质物质,当虫体被压破或被击碎时,与皮肤接触引起毒隐翅虫皮炎或线状皮炎,受损部位有灼热感、痒感及辣痛,皮肤出现红斑、水肿,随后发生密集小丘疹,继之出现水疱、脓疱等,皮疹为线状多见,其余依次为斑片状、混合状和点状等,好发于头面部,其次为颈部、上肢和躯干。病程一般为 7~8 d。

3. 病原检查 在居室内检查到成虫即可确诊。将成虫制作标本,鉴定虫种。

【实验结果】

观察成虫的形态特征。

思 考 题

毒隐翅虫的致病机制和主要临床表现?

二、蜱螨

(一) 蜱

蜱(tick)的种类繁多,是许多脊椎动物体表的暂时性寄生虫,且为一些人兽共患病的贮存宿主和传播媒介,分为硬蜱和软蜱。蜱发育为不完全变态,生活史包括卵、幼虫、若虫和成虫 4 个阶段。

【实验目的】

(1) 掌握蜱的一般形态结构,识别硬蜱与软蜱成虫。

(2) 熟悉蜱的医学意义及传播特点。

(3) 了解硬蜱颚体的构造及其吸血习性。

【实验材料】

1. 标本　硬蜱成虫形态玻片标本及浸制标本、软蜱玻片标本。

2. 其他　解剖镜。

【实验方法】

硬蜱(Ixodidae)

1. 形态观察

成虫(玻片标本及浸制标本)：用解剖镜观察。

1) 颚体：也称假头，位于躯体前端，由颚基、螯肢、口下板和须肢组成。螯肢1对，由颚基背部中央伸出，有锯齿状构造，是重要的切割器。口下板1块，位于螯肢腹面，有成行纵列倒齿，为吸血时重要的穿刺与附着器官。须肢1对，位于螯肢两侧，起固定和支持作用。

2) 躯体：呈袋状，位于鄂体后方，椭圆形。前面有背板一块，雄蜱背板几乎覆盖整个前面，雌蜱仅占躯体的前半部。腹面有足4对，第1对足跗节亚末端有一杯状哈氏器。气门1对，位于足Ⅳ基节后外侧的气门板上。

2. 医学意义　主要是传播疾病。

(1) 直接危害：硬蜱叮咬人吸血可致局部充血水肿和炎症，还可引起继发感染。有的分泌神经毒素，引起"蜱瘫痪"。

(2) 传播疾病：硬蜱可传播森林脑炎、Q热、野兔热、蜱媒出血热、蜱媒斑疹热、鼠疫、莱姆病等疾病，一般以经增殖式和经卵传递的方式传播。

软蜱(Argasidae)

1. 形态观察

成虫(玻片标本)：用解剖镜观察。虫体土黄色，椭圆形。假头居虫体腹面前部，从背面见不到，颚基小，口下板齿小。躯体背面无背板，表面具颗粒状小疣或具皱纹或盘状凹陷。

2. 医学意义　除叮咬造成局部皮肤损害外，还可传播蜱媒回归热。

【实验结果】

简述硬蜱和软蜱的主要不同的形态特征。

思考题

(1) 蜱能传播哪些疾病？是通过什么方式传播的？

(2) 如何防治蜱对人体造成的危害？

(二) 螨

螨(miter)属于蛛形纲中的一类小型节肢动物，其结构与蜱相似。

【实验目的】

(1) 掌握蠕形螨、疥螨的形态特征及其病原检查方法。

(2) 熟悉尘螨和粉螨的主要形态特征。

(3) 了解尘螨的免疫诊断方法;螨的医学意义。

【实验材料】

1. 标本 疥螨成虫玻片标本、疥螨卵玻片示教标本、蠕形螨玻片标本、屋尘螨玻片标本、粉螨玻片标本。

2. 其他 显微镜。

【实验方法】

疥螨(Sarcoptidae)

疥螨是一种永久性体外寄生虫,寄生于人和哺乳动物的皮肤表皮层内,引起疥疮。寄生于人体的疥螨称人疥螨。

1. 形态观察

(1) 成虫(玻片标本):在低倍镜下观察,虫体细小,形如龟,乳白色或淡黄色。颚体很小,螯肢呈钳状,躯体前面有横形的波状横纹和成列的鳞片状皮棘,后半部有几对杆状刚毛和长鬃。腹面有足4对,短、圆锥形,前2对在躯体前方,末端有带柄的吸盘;后2对,雌螨足末端各具一根长鬃,雄螨的第4对足末端有带柄的吸盘(彩图80)。

(2) 虫卵(玻片示教标本):低倍镜下可见虫卵呈长椭圆形,淡黄色,壳很薄,大小为80 μm×180 μm。

2. 致病作用 疥螨可在表皮内挖掘隧道,对皮肤产生机械性刺激和损伤以及由疥螨排泄物和分泌物以及死亡虫体的分解产物所引起的超敏反应。

3. 病原检查 皮肤患部查疥螨虫体或虫卵。

4. 技术操作

(1) 针挑法:用消毒注射针头,沿隧道从外向内挑破皮肤,至隧道末端即白色点挑出虫体置载玻片上,加甘油或乳酸1滴,加盖玻片镜检。或用手术刀片刮取病变部位皮屑镜检。

(2) 刮片法:用消毒的手术刀蘸少许消毒矿物油,滴在炎性丘疹皮面。平刮数下至油滴内有小血点为度,取丘疹顶部的角层部分,如此连刮6~7个丘疹后,移至载玻片上的油滴内涂片镜检。刮检的丘疹应是新出的未经搔抓的无结痂的炎性丘疹。

蠕形螨(Demodicidae)

蠕形螨俗称毛囊虫,是一类永久性寄生螨,寄生于人和哺乳动物的毛囊和皮脂腺内。寄生于人体的有毛囊蠕形螨和皮脂蠕形螨两种。

1. 成虫形态(玻片标本) 镜下观察。虫体细长,蠕虫状,乳白色,半透明。成虫长0.1~0.4 mm,虫体分颚体、足体和末体三部分。颚体宽短呈梯形,螯肢1对,针状。足体腹面有足4对,粗短呈套筒状。末体细长,体表有明显的环状横纹,末端钝圆。毛囊蠕形螨较长,末端较钝圆;皮脂蠕形螨较粗短,末端略尖,呈锥状(彩图81)。

2. 致病作用　蠕形螨为条件致病螨，其致病性表现在机械性损伤皮肤组织，引起炎症；也可引起皮脂腺阻塞，使皮脂腺分泌受阻，可引起酒渣鼻、毛囊炎、痤疮、脂溢性皮炎和睑缘炎等皮肤病。

3. 病原检查　从皮脂分泌物中查获蠕形螨可确诊。

4. 技术操作(自己操作)

(1) 透明胶纸法：于睡前洗脸后将 2 cm×2.5 cm 透明胶纸黏于皮损患处或鼻尖、鼻翼、鼻唇沟处，次晨取下镜检。

(2) 挤压刮拭涂片法：检查者用左手拇指、示指挤压被检查者鼻翼两侧皮肤(也可挤面部其他部位)，然后用刮片加压刮取毛囊及皮脂腺分泌物，针挑至载玻片上，加一滴70%甘油水溶液后，盖上盖玻片，镜检。

尘螨(Pyroglyphidae)

尘螨存在于人的居住和工作环境的尘埃中，是一种强烈的过敏原。与人类关系密切的有屋尘螨、粉尘螨、埋内宇尘螨。

1. 形态观察　在显微镜下观察示教标本。

屋尘螨(玻片标本)：白色，卵圆形。颚体位于躯体前端，螯肢钳状。躯体表面有指纹状的细密或粗皱的皮纹，躯体背面前端有狭长盾板。雌虫后背中央有皮纹纵行，雄虫有后盾板，长大于宽。肩部有 1 对长鬃，后端有 2 对长鬃。足 4 对，跗节末端具钟形吸盘。

2. 致病作用　主要表现为外源性变态反应性疾病。常见临床类型有过敏性哮喘、过敏性鼻炎、过敏性皮炎。

3. 免疫诊断　常用的免疫诊断方法有皮内试验、皮肤挑刺试验、鼻腔激发试验、酶联免疫吸附试验等。皮内试验一般用尘螨浸液 1∶10 000～1∶5 000 前臂屈侧皮内注入 0.03 mL，15～20 min 后记录反应结果，包括丘疹大小、红晕范围和伪足有无。凡皮丘超过原来大小的 50%即为阳性。

粉螨(Acaridae)

粉螨为室内常见螨类。人与之接触、吸入或误吞入而致病。

1. 成虫形态(玻片标本)　自学标本。镜下可见虫体长 0.12～0.5 mm，体表常有大量的长毛，角皮薄，半透明。螯肢钳状，前后体之间有一凹陷。足 4 对，跗节末端有一爪。

2. 致病作用　侵袭皮肤，引起螨性皮炎；进入呼吸系统引起肺螨症；随食物进入肠腔，引起肠螨症；侵入泌尿系统引起尿螨症。

3. 病原检查　在粪便、痰液和尿中查到粉螨是确诊肠螨症、肺螨症及尿螨症的依据。对粪便可用直接涂片法或浓集法，痰液可用 10%NaOH 消化后离心沉淀查沉渣，尿液可用离心沉淀法检查粉螨。

【实验结果】

试述人疥螨成虫的特点及诊断方法。

思 考 题

(1) 检查疥螨和蠕形螨的方法各有哪些?
(2) 如何确定尘螨所致的过敏性疾病?
(3) 如何诊断肺螨症和肠螨症?

（杨树国　李　健）

第三章

综合提高型实验

一、蛔虫生活史过程的验证

【实验目的】

观察蛔虫生活史过程，提高实验观察、动手能力。

【实验方法】

(1) 取雌虫一条置蜡盘内，两端拉直，用大头针固定(有生殖孔的一面贴向蜡盘)。自虫体前 1/3 起至末端将体壁剪开，用大头针固定切口两边。倾入少量清水并用解剖针轻轻将生殖器官松开。剪下连接阴道 1.5 cm 的子宫下段，置载玻片上撕碎，取少许碎组织加适量生理盐水做成涂片，镜检确定含有受精卵后取用。

(2) 将充分撕碎的子宫组织放入青霉素瓶内，滴加 2%福尔马林液约 2 mL，置室温或 27℃左右温箱内培养 3 周，每周取少许培养物检查虫卵的发育情况。

(3) 待虫卵发育成熟后，用吸管吸去福尔马林液，滴加适量生理盐水做成虫卵混悬液。用吸管吸取 0.5 mL，经食管灌喂小白鼠。

(4) 感染蛔虫卵 1 周后，解剖小白鼠，取出肺脏置培养皿内，加入少量生理盐水洗去血迹，观察脏器表面有无出血点。然后将组织撕碎做成压片，用双目镜或低倍镜检查蛔虫幼虫。

思 考 题

蛔虫生活史与肺部损害的关系?

二、巴门钩蚴分离法

【实验目的】

观察钩蚴的发育过程，提高实验观察、动手能力。

【实验原理】

钩蚴有向温性，在两个不同的温度中，向温度较高的方向爬动。

【实验方法】

将被检泥土置于垫有三层纱布的铜筛内，把铜筛放在漏斗中。漏斗下方连接胶管，拧紧止水夹。加温水(约 40℃)至漏斗内,使水平面接触铜筛底层泥土。20 min 后开放止水夹,将漏斗底层液体收集在离心管,离心 1～2 min,或静置 10～20 min,倾去上清液,吸取沉渣滴在玻片上,置双目解剖镜下检查钩蚴。

三、钩蚴培养法

【实验目的】

用于钩虫病的诊断,观察活钩蚴。

【实验方法】

取干净的中试管一支,加入少许冷开水,剪一"T"字形滤纸,其宽度比试管的直径略小,长度相当于从试管口至水面接触的距离。取粪便 0.2～0.4 g,均匀地涂在滤纸的中段,置 25～30℃培养。培养过程中,每天要补充试管内蒸发损失的水分。3 d 后用放大镜检查管底水中有无幼虫,如果阴性继续培养至第 5 天。

观察时注意:幼虫虫体透明,在水中可作蛇形运动,检查时需仔细观察。

四、旋毛虫病动物模型的建立

【实验目的】

用于保种、观察活肌蚴和获取虫体作抗原。

【实验方法】

1. 喂食法　将含旋毛虫幼虫的肌肉剪成米粒大小,取一小块肌肉置玻片上镜检囊包数,以含有 100～200 个幼虫囊包的肌肉经口喂健康小鼠(喂前饥饿 24 h)。

2. 腹腔注入法　用绞肉机将含有旋毛虫幼虫的肌肉绞碎,置于含有 1%胃蛋白酶的三角烧瓶内,一般每 1 g 肌肉加入 1%胃蛋白酶 60 mL,置 37～40℃温箱中,经 10～18 h(在消化过程中经常摇动),待完全消化后,将上层液小心倒掉,然后加入 37～40℃的温水于沉淀物中反复清洗或经离心沉淀收集幼虫。将收集的幼虫置于生理盐水中洗涤 2～3 次,即可用 1 mL 注射器和 8 号针头吸取 100～200 条幼虫,注射于小白鼠或大白鼠的腹腔内。自感染第 5 周后,可在动物肌肉中找到旋毛虫幼虫囊包。幼虫在动物体内可生存 3 个月或半年以上。如需长期保种,可将动物处死,按上述方法转种新鼠。若需收集旋毛虫成虫,可在感染后第 3、4 天处死动物,取出小肠用剪刀剖开,收集成虫。

思考题

旋毛虫病动物模型的意义?

五、马来丝虫幼虫在中间宿主体的发育

【实验目的】

观察马来丝虫幼虫在中间宿主体内发育过程。

【实验方法】

(1) 从实验室建立的保虫宿主——长爪沙鼠的腹腔内穿刺吸出含有微丝蚴的腹腔液。

(2) 取抗凝血(人或动物血)5～10 mL,离心后去血浆,用生理盐水洗涤红细胞2～3次。

(3) 将含有微丝蚴的腹腔液加入5～10 mL红细胞生理盐水混悬液中,用玻棒轻轻搅匀。

(4) 用完整的胎盘膜一块做成囊袋,吸取红细胞与微丝蚴混合液置胎盘膜囊袋中,牢固结扎袋口。

(5) 将囊袋置于饲有雌性中华按蚊的蚊笼内,在25～30℃条件下,让雌蚊吸食。

(6) 大多数雌蚊吸饱后,取出囊袋,改用10%葡萄糖湿棉球,继续饲养。

(7) 4～6 h后,取部分饱食后的雌蚊麻醉致死,解剖,取出蚊胃并挑破胃壁挤出血液,加一滴生理盐水稀释,找微丝蚴,观察微丝蚴的脱鞘情况。

(8) 于第3日,取部分蚊解剖胸肌,查找粗短的形似腊肠的幼虫。

(9) 2～3周后取出余下的蚊解剖,在喙和体腔内找虫体细长、运动活泼的感染期幼虫。

思　考　题

影响培养的关键因素有哪些?

六、线虫标本的制作

【实验目的】

学习线虫标本制作方法,提高动手能力。

【实验方法】

1. 线虫成虫的固定和保存

(1) 虫体用生理盐水洗涤后放入固定液内,通常钩虫、鞭虫等用5%甘油酒精(70%酒精95 mL,甘油5 mL)固定,甘油酒精加温后才投入虫体,可令其体态伸直,效果更好,蛔虫虫体较大,用5%福尔马林液固定。

(2) 上述固定液又可作保存液。此外,亦可保存在70%酒精中。

2. 虫卵玻片标本的制作

(1) 虫卵的固定:将收集的虫卵洗涤干净后,根据虫卵的种类选择固定液和固定方法。含有幼虫的虫卵可直接倾入固定液内浸泡,24 h后更换固定液,即可保存。含细胞的虫卵则先将固定液煮沸、然后倾入虫卵,浸泡24 h后更换固定液保存。

常用固定液:5%福尔马林、5%甘油酒精。

(2) 虫卵玻片标本制作:吸取一滴已经固定的虫卵混悬液,置大盖玻片中央,四周放上数粒碎玻璃,盖上小盖玻片,轻压无液体溢出,然后在载玻片上滴加拿大树胶2～3滴,把盖玻片封于其上。平放自然干燥。此法制出的标本可保存较长时间。

(李晓花　郭鄂平)

七、肺吸虫囊蚴分离法

【实验目的】

可用于感染动物获得成虫；可获得后尾蚴作免疫学试验。

【实验方法】

将肺吸虫第二中间宿主(蟹)洗净，捣烂，过滤，加水沉淀 5 min，倒去上液。反复数次至上液清，倒去上清液。将沉淀倒入平皿中，静置 1 min。先在黑色背景中用肉眼检查，如发现圆形针尖大小的小白色颗粒，即为囊蚴。囊蚴在流动的沉渣中移动一般较快，故应将平皿稍作左右晃动，然后置解剖镜下镜检，用小吸管逐个将囊蚴吸出置另一干净的平皿内，用生理盐水洗涤 3～5 次后，置冰箱保存(1 周内)备用。

八、肺吸虫病动物模型的建立

【实验目的】

获得成虫制作免疫诊断抗原；鉴定虫种。

【实验方法】

常用动物是犬和猫。感染前要做寄生虫病原检查，阴性者方可使用。应将大小形态相同的囊蚴感染同一动物。感染量和感染方法可根据试验需要和囊蚴数而定，若仅有数个囊蚴，并以定种为目的，可作腹腔注射法或腹壁接种法感染。如为获得虫体，一般一只 5 kg 重的狗可感染 100 个囊蚴，可用喂饲法感染。

1. *喂饲法* 将分离出的囊蚴，作计数后滴加于食物中(如肉片、鱼、馒头等)喂饲，囊蚴随食物进入消化道。或者用吸管吸取囊蚴直接滴于动物口中，再吸少量水冲洗口腔。

2. *腹腔注射法* 固定动物体位后，腹部去毛，消毒，用注射器吸取囊蚴，接上输血针头，注入腹腔。注入后再吸取少量生理盐水冲洗针筒和针头，以免囊蚴黏附在注射器壁上。

3. *腹壁内接种法* 固定动物，腹部去毛，消毒。在腹正中线偏侧处切开腹壁 1～2 cm 小口，分离肌层。吸取囊蚴或后尾蚴从切口滴入，缝合皮肤即可。

九、解剖肺吸虫病试验动物

【实验目的】

了解肺吸虫成虫寄生部位和宿主内脏组织的病理变化。

【实验方法】

将肺吸虫病犬或大鼠致死，剖开胸腔、腹腔，暴露内脏器官，特别是肺脏、肝脏。可见肺脏、肝脏有许多结节，挑破结节，取出虫体，放于盛有生理盐水的平皿中观察。肉眼观察病变后，再剪取少量囊内组织，置两载玻片间，挤压后在显微镜下观察虫卵及病变组织，检查肝脏用同样的方法。

十、肺吸虫病的免疫学诊断

【实验目的】

掌握肺吸虫皮内试验操作方法及诊断标准，熟悉肺吸虫病常用的免疫学诊断方法。

【实验方法】

(1) 肺吸虫抗原皮内试验。

(2) 对流免疫电泳(氨基黑 B10 染色阳性玻片)。

(3) 间接红细胞凝集试验(凝集阳性反应)。

(4) 后尾蚴膜反应。

(5) 酶联免疫吸附试验。

【自学】

肺吸虫抗原皮内试验

1. *试验原理* 用肺吸虫成虫制备可溶性抗原,稀释至适当浓度注射到受试者皮内,当抗原与相应的亲细胞抗体结合后,导致肥大细胞和嗜碱性粒细胞脱颗粒,释放出生物活性介质,使其注射局部皮肤产生红肿或红晕。受试者的试验为阳性,说明已感染肺吸虫的可能性很大,对临床诊断具有重要的参考价值。

2. *抗原制备* 在无菌条件下从动物体内获得新鲜虫体,并制备出可溶性抗原(方法:先将虫体反复用无菌生理盐水洗涤 3 次,以含 1/万柳硫汞的生理盐水与虫体体积按 5∶1 混合,然后在冰浴下匀浆 15 min,低温离心 10 000 r/min,30 min,取上清液经无菌滤菌器过滤,分装保存于－30℃或－70℃)。使用时的抗原工作浓度1∶10 000～1∶2 000。

3. *操作方法* 抗原用含柳硫汞的生理盐水稀释。用无菌皮试注射器吸取 0.1 mL 在已消毒好的手前臂内侧处作皮内注射,使皮丘直径为 4～8 mm 即可。与此同时应在距离抗原皮丘 10 cm 处用不含抗原的稀释液作对照注射,其量与抗原液相同。注射后 15 min,观察皮丘结果,若仅见抗原皮丘出现红肿,直径＞1.3 cm,可记录为阳性,根据红肿反映程度可做阳性或强阳性记录结果。

(1) 结果评价:使用粗的或未纯化的抗原作皮试,往往可出现一定程度的假阳性反应,其中与血吸虫有明显的交叉反应,故对其诊断应结合流行病学和感染史以及临床资料。另外,在肺吸虫病患者治疗后较长一段时间内皮内试验不会转为阴性,所以无疗效考核价值。

(2) 注意事项:① 抗原浓度要适中,过大过小都会影响反应结果;② 抗原制备和皮内注射一定要按无菌操作进行,以免出现不良后果;③ 如对照部位同时出现阳性反应,意味试验失败;④ 对反应不明显的阳性结果,应结合感染史和临床表现再作结论。

【作业】

写皮内试验结果报告。

十一、肺吸虫流行病学的生物宿主现场调查

【实验目的】

(1) 熟悉斯氏肺吸虫流行的现场情况,流行因素和防治原则。

(2) 了解斯氏肺吸虫中间宿主的滋生情况。

【现场调查】

(1) 在教师带领下到现场调查。

(2) 教师现场讲解肺吸虫的流行环节。

(3) 在教师指导下，观察中间宿主生存的生态环境，采集拟钉螺及捕捉活溪蟹。

【作业】

(1) 写出现场调查报告。

(2) 检查溪蟹的感染情况。

思考题

怎样理解一些山区森林地带肺吸虫病是自然疫源性疾病？肺吸虫病的流行区有何特点？

十二、血吸虫病动物模型的建立

【实验目的】

加深对血吸虫感染、寄生、致病的理解；获取成虫和虫卵以制备诊断抗原。

【实验方法】

动物以 2 kg 左右的家兔为宜。感染前，需备好阳性钉螺，置于装有冷开水的三角烧瓶内，在适温条件下放出尾蚴。感染时，将家兔固定，剪去腹部的体毛，擦湿皮肤，将尾蚴滴于盖玻片上，在解剖镜下计数，然后，将黏有尾蚴的盖玻片覆盖在家兔的无毛皮肤上，尾蚴总数在 1 000 条左右即可。待感染 15 min 后，弃去皮肤上的盖玻片，擦干腹部，感染即告完毕。将动物喂养 45 d 后剖杀，此时可见肝表面有大量密集的虫卵结节，肠系膜血管中可见成虫。如需成虫和虫卵，应采用从胸主动脉灌注冲虫法，收取成虫；取下兔肝，研破肝组织，分离虫卵。

十三、快速酶联免疫吸附试验

【实验目的】

熟悉酶联免疫吸附试验的原理和基本操作过程。

【实验原理】

此法是根据常规酶联免疫吸附试验的原理，经抗原包被技术改进后，发展成为一种新的抗体格检查测法。现已研制成较完善和规范化的血吸虫病酶免疫诊断试剂盒，使用时无须另配试剂和特殊条件，从操作到结果观察只需 15 min 左右便可完成。

【实验材料】

SEA 包被的微孔反应条；阴、阳性参考对照血清；1 号液（辣根过氧化物酶标 SPA）；2 号液（洗涤液）；3 号液（底物）；4 号液（显色剂）；5 号液（血清稀释液）；6 号液（终止液）；血清稀释板。

【实验方法】

首先稀释血清样本（8 滴蒸馏水＋1 滴血清＋1 滴 5 号液），继而将对应检测样本与微孔做好标记或编号（一般第 1、2 孔作阴、阳性对照安排），然后，按如下进行：

(1) 加样：每孔加 1 滴已稀释的血清。在 15～30℃室温下放置 3～5 min；

(2) 洗涤：每孔加 2 号液 1 滴，随即抛去，用自来水冲洗 5 次，甩干。

(3) 加酶标物：每孔加 1 号液 1 滴，同上室温放置 3～5 min 后，按(2)洗涤。

(4) 显色：每孔加 3 号液和 4 号液各 1 滴，室温放置 2～5 min。

(5) 终止反应：每孔加 6 号液 1 滴，1 min 后观察结果。

(6) 结果判断：在白色背景下观察蓝色的深浅。蓝色接近阳性对照判为阳性。

【注意事项】

(1) 试剂必须保存在 2～8℃，用后及时放回冰箱，使用前轻轻摇匀；

(2) 严格按检测程序操作；

(3) 所有试剂在加入孔中时，都应避免黏在孔壁上；

(4) 用自来水冲洗时，水流不要太猛，每次应抛净拍干；

(5) 室温低于 15℃时，各步反应时间要适当延长，使其结果以阳性对照孔出现明显蓝色而阴性对照孔基本无色为准。

十四、日本血吸虫虫卵沉淀、孵化法

【实验目的】

掌握沉淀、孵化的原理，操作方法及注意事项。

【实验原理】

日本血吸虫卵比重大于清水，粪便经稀释过筛后虫卵于清水中自行下沉，吸取沉淀物易于检出虫卵。虫卵内的毛蚴在适宜条件下能很快孵出，根据毛蚴有向清性，在水面下作直线游动的特性，用肉眼观察，可做出诊断。

【实验方法】

取受检粪便约 30 g，置小铁筛中，将筛内粪便浸没在盛有清水的量筒中，用玻璃棒搅拌，将虫卵自粪便内释出滤过筛孔沉于水底，弃去筛内剩余残渣，冲洗铁筛。再加清水直至量筒将满，静置 25 min，轻轻倒去上液，重新加满清水沉淀。以后每隔 15 min 换水，直至上液清晰为止。最后倾去上液，留下沉渣，吸取 2～3 滴沉渣，制成涂片，镜下查找虫卵。如未找到虫卵，则将全部沉淀倒入三角烧瓶内，加清水置瓶颈部，置适温下进行孵化，经 2～12 h 毛蚴即能孵出，将孵化的三角烧瓶移至窗口或日光灯前，用肉眼或放大镜观察瓶颈部，如见水面下有白色点状物作直线来往游动，即为毛蚴。也可用吸管将毛蚴吸出，置载玻片上，在显微镜下观察(图 3-1)。

【注意事项】

(1) 孵化用水必须清洁、无药、无浮游生物，城市可用去氯自来水，农村可将水用明矾澄清后再用。

(2) 每次换水需轻轻倾倒，避免沉淀物震荡浮起虫卵随倒水丢失。

(3) 气温高时，毛蚴常在换水沉淀过程中孵化，为防止毛蚴随换水时倒掉，在夏季可用 1%盐水代替清水，但最后 1～2 次沉淀换用一次清水。

(4) 因毛蚴孵出时间快慢不一，一般每隔 4～6 h(24 h 内)观察一次，阴性时过 24 h 左右再观察一次。

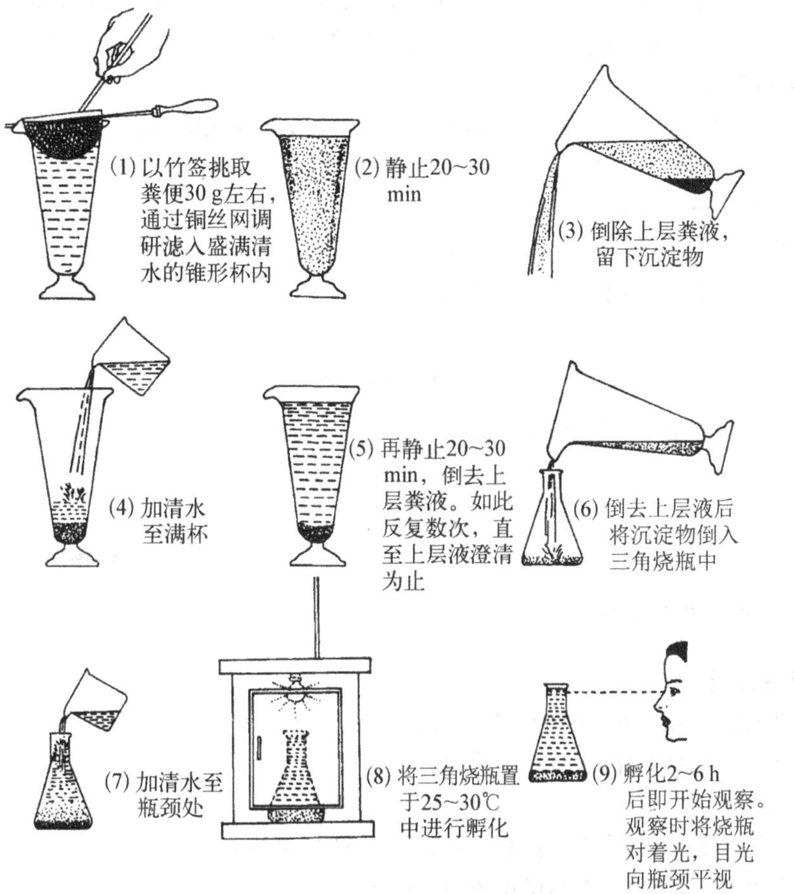

图 3-1 粪便自然沉淀及毛蚴孵化法

(5) 沉淀、孵化用的粪便应尽量选择有血和黏液的新鲜粪便。

(朱名胜 李 健)

十五、肠道寄生虫病原学检查

【目的和要求】

掌握常用粪便检查方法。

【实验方法】

1. 粪便直接涂片法(示教) 在玻片上滴生理盐水 1 滴，用竹签挑取米粒大小粪便均匀涂片，盖上盖玻片，置低倍镜下检查。

注意事项：① 粪便量要适中。粪便过多，则涂片太厚不利于观察；粪便太少，则涂片薄影响检出率。制好的涂片以透过水膜能隐约看到课本的字体为适宜；② 粪便中含有各种植物细胞、酵母菌、花粉、植物纤维和未完全消化的食物残渣等，容易与虫卵混淆，必须注意鉴别；③ 制好的涂片不能干燥，否则不易辨认虫卵。

2. 饱和盐水浮聚法(示教) 取约黄豆大小粪便置小玻璃瓶内，先加入少许饱和盐水，将粪便搅成糊状，再加饱和盐水至满，盖上载玻片使液面与玻片接触，如有粪渣或气泡必须除去。静置 20 min 后，小心翻转取下玻片，擦干玻片下面的水分，置镜下检查。

3. 清水沉淀法（示教）

(1) 取粪便 5～10 g 置小烧杯内，加水少许，用玻璃棒搅成糊状，并加水稀释。

(2) 倒入铜筛（或塑料纱网）内过滤，滤去粪渣，并把滤液倾入大试管内，加水至将满。

(3) 静置 10～15 min。

(4) 倾去上层液的 4/5，留粪渣，加水，静置 5～10 min，如此换水数次，直到上清液澄清为止，最后倾去上层液体，吸取沉渣镜下检查。

思 考 题

粪检可查到哪些蠕虫卵和原虫？

（杨树国　郭鄂平）

十六、鼠疟模型的建立

【实验目的】

(1) 掌握疟原虫小鼠的采血、涂片方法。

(2) 熟悉小鼠接种疟原虫的步骤和方法。

【实验方法】

1. 材料和动物　小白鼠、肝素、生理盐水、结核菌素注射器、注射针头、离心管、消毒酒精、碘酒、剪刀、载玻片、吉姆萨染液、镊子等。

2. 准备工作

(1) 疟原虫种源鼠原虫率检查，原虫率＞10%时可转种。

(2) 以摘眼球法取种鼠血于肝素生理盐水（含 5～10 U/mL）或 3.5%枸橼酸钠溶液中，供接种用。

(3) 消毒结核菌素注射器及注射针头。

3. 疟原虫接种　抽取抗凝的种鼠稀释血 0.5 mL，腹腔注射健康小白鼠，每只注射 0.2 mL。5～7 d 后血液内即可查到疟原虫。

（李　健）

十七、阴道毛滴虫人工培养

【实验目的】

(1) 掌握阴道毛滴虫人工培养基本原理及步骤。

(2) 熟悉肝浸汤培养基的制作过程。

【实验方法】

1. 材料和动物　兔肝、蛋白胨、葡萄糖、小牛血清、青霉素、蒸馏水、滤纸、天平、剪刀、镊子、棉签等。

2. 15%肝浸液的制备　取兔肝 15 g 洗净剪碎，浸入 100 mL 蒸馏水中，置冰箱过夜，次日煮沸 1/2 h，4 层纱布过滤，补充蒸馏水至 100 mL，即成 15%肝浸液。

3. 肝浸汤培养基的制备　100 mL 肝浸液中加入蛋白胨 2 g、葡萄糖 0.5 g，混合加热溶解，滤纸过滤，调整 pH 至 5.5～6.0，5 mL 分装试管，灭菌，冷却后置 37℃过夜，确定无菌后，置冰箱备用。

4. 培养方法　无菌棉签取阴道后穹隆分泌物，无菌接种于上述培养基试管，加入青霉素 5～10 U/2 mL 培养基，置 37℃温箱培养 24～48 h，涂片镜检阴道毛滴虫滋养体。

（赵燕清　杨树国）

第四章

科研创新型实验

一、日本血吸虫病小鼠动物模型建立及观察

【实验目的】

建立日本血吸虫病小鼠的动物模型，观察日本血吸虫各发育阶段形态、成虫寄生部位、小鼠肝脏病理变化等，掌握日本血吸虫成虫和虫卵收集和计数方法。

【实验材料】

血吸虫尾蚴：取阳性钉螺(江苏省血吸虫病防治所提供)，20～30 只，放入 100 mL 三角烧瓶内，加去氯自来水后将烧瓶置于有光照的 25℃温箱内 3～8 h，待血吸虫尾蚴逸出水面时备用。

实验动物：昆明系小白鼠(学校动物房提供)，雌性，6～8 周，体重 25g 左右。

【实验方法】

(1) 取洁净盖玻片(18 mm×18 mm)，用去氯水反复冲洗，晾干备用。

(2) 用接种环在解剖镜下挑取 40±5 条尾蚴，放置于处理好的盖玻片上。

(3) 小白鼠用自制鼠板腹部朝上固定，剪刀剪去腹毛，约 20 mm×20 mm 大小面积，露出腹部。将含有尾蚴的盖玻片复置于已去毛小白鼠的腹壁，使其与皮肤充分接触，保持潮湿，定时取下盖玻片，将小白鼠放入笼内喂养。

(4) 45 d 后小鼠拉颈处死，解剖小鼠，取出肝脏和肠组织。将肝脏加入预先准备的 5%的 KOH 中，37℃过夜消化，离心取沉淀观察虫卵形态并计数。用手术镊子撕裂肠系膜，取出成虫置于 PBS 中，观察雌雄成虫形态并计数。

【实验指标】

观察日本血吸虫尾蚴、虫卵、雌雄成虫形态及成虫寄生部位，小鼠肝脏病理变化等。

二、恶性疟原虫红细胞内期体外培养方法建立及观察

【实验目的】

建立恶性疟原虫红细胞内期体外培养方法，掌握厚薄血膜制作方法及吉姆萨染色法，观察红细胞内期恶性疟原虫各期形态。

【实验材料】

恶性疟原虫虫株：恶性疟原虫 3D7 虫株(江苏省血吸虫病防治所提供)保存于液氮罐。

实验试剂与耗材：RPMI 1640 培养基（25 mg/mL HEPES，2 mg/mL 碳酸氢钠，50 mg/mL 庆大霉素和 0.5%AlbumaxII）自行配制，耗材（6 孔细胞培养板、洗头等）购自公司。

【实验方法】

（1）从液氮罐中取出恶性疟原虫 3D7 株，室温复苏备用。

（2）采集新鲜 O 型血 5 mL，离心去除血清，用 10 mL RPMI 1640 不完全培养基清洗三次，将红细胞压积调整至 5%。

（3）将制备好的红细胞与复苏的感染疟原虫的红细胞按 6∶1 混合，加入到 6 孔细胞培养板中，37℃，5% CO_2培养。

（4）每 8～12 h 换液一次，培养至滋养体期。取出培养板，离心去除上清，调整红细胞压积至 50%，分别吸取 5 μL 和 2 μL 在载玻片上制作厚薄血膜，甲醇固定薄血膜。

（5）载玻片放入预先制备的吉姆萨染液中，染色 15～30 min，自来水流水清洗脱色，晾干或烘干后显微镜下观察虫期。

【实验指标】

观察红细胞内期恶性疟原虫裂殖子、滋养体、裂殖体等形态。

（李　健）

第五章

病例分析

病例一

患者，女，42岁，山东省即墨县人，于1998年5月25日入院，患者1个月前触及下腹部有一活动性肿块，无压痛。在当地医院诊断为卵巢囊肿而转入本院。患者近20年来经常上腹部疼痛，呈阵发性绞痛，发作时常伴有恶心、呕吐，无吐蛔虫史，未服过驱虫药。

【体格检查】 慢性病容，下腹部可触及一大小为7 cm×3 cm包块，质地较硬，边缘不清，表面结节状，压之不痛，可随体位移动。血液检查嗜酸性粒细胞0.4×10^9 g/L；粪便常规检查未发现寄生虫卵。其他检查均无异常发现。

【入院时诊断】 下腹部包块待查。

在入院第5日下午行剖腹探查手术，术中发现大网膜反折处有一7 cm×3 cm×3 cm大小肿块，肝左叶有一4 cm×3 cm肿块。左侧卵巢肿大，约3 cm×3 cm×2 cm，呈结节状，质地较硬，此外，大网膜、肠系膜、腹膜层有大量散在性、米粒大小的灰白色结节。切除大网膜肿块与部分灰白色结节送病理活检。

【术后诊断】 卵巢癌广泛转移。

术后按常规治疗十余日，伤口愈合，病情好转出院。

【病理检查】 肿块切面呈灰白色，质地较硬，中心有淡黄色坏死物。镜下观察呈假结核性肉芽肿，内有大量受精蛔虫卵，呈圆形或椭圆形，大小约55 μm×40 μm。虫卵分布不规则，虫卵周围尚有不等量上皮样细胞、嗜酸性粒细胞、淋巴样细胞围绕，形成假结核结节。

【病理诊断】 蛔虫卵性肉芽肿。

请回答下列问题：

单选题

1. 患者诊断为腹腔肿瘤型蛔虫卵性肉芽肿的依据是(　　)

A. 下腹部可触及7 cm×3 cm大小包块

B. 嗜酸性粒细胞升高(0.4×10^9 g/L)

C. 镜检呈假结核性肉芽肿，内有大量受精蛔虫卵

D. 患者近20年来，经常上腹部疼痛，常伴有恶心呕吐

E. 大网膜、肠系膜、腹膜有大量散在性、米粒样的灰白色结节

2. 此患者腹腔蛔虫卵性肉芽的病理反应是(　　)

A. 腹腔内形成较大肿块，表面结节状
B. 大网膜、肠系膜、腹膜层有大量散在性米粒样灰白色结节
C. 肿块切面呈灰白色，质地较硬，中心有淡黄色坏死物
D. 呈假结核性肉芽肿，间有大量受精蛔虫卵
E. 虫卵周围有不等量上皮样细胞、嗜酸性粒细胞、淋巴样细胞

多选题

1. 可能与此患者形成腹腔肿瘤型蛔虫卵性肉芽肿有关的因素是(　　)

A. 肠穿孔　　B. 成虫钻入腹腔
C. 雌虫在腹腔存活并大量产卵　　D. 虫体分泌物、虫体崩解产物及虫卵刺激
E. 蛔虫成虫扭结成团，形成包块

2. 患者无吐蛔虫史，未服过驱虫药，本次入院粪便常规未发现寄生虫卵，原因是(　　)

A. 病程较长，原肠腔内寄生虫已自然死亡
B. 入院时，无蛔虫感染
C. 入院时，可能肠腔内仅有雄蛔虫寄生
D. 蛔虫钻入胆总管
E. 蛔虫钻入阑尾

病例二

患者，男，30 岁，因腹痛、头晕、乏力、柏油便 2 次，于 1993 年 3 月 15 日入院。

【体格检查】 T 36.5℃，BP 14.6/9.3 kPa，神志清，贫血貌，两肺呼吸音清。心率 90 次/min，律齐，无杂音。

【实验室检查】 WBC 4.2×10^9/L，Hb 75g/L，粪便镜检钩虫卵(＋＋)/高倍视野。

【胃镜检查】 胃黏膜苍白，未发现溃疡及肿物，十二指肠球部有散在芝麻大小出血点，小弯侧有 1 条钩虫，咬附肠黏膜，咬附点出血少。虫体半透明，呈淡红色，长 10 mm，宽 3 mm。经显微镜下鉴定为雄性十二指肠钩口线虫成虫。经服左旋咪唑片 150 mg，睡前顿服，3 d 为一疗程。间隔 15 d，再服一疗程，并补铁剂、维生素、加强营养等支持疗法，35 d 后，自觉症状消失，Hb 120 g/L，粪检阴性，治愈出院。

请回答下列问题：

单选题

患者确诊为十二指肠钩虫病的依据是(　　)

A. 大便镜检钩虫卵(＋)/高倍视野
B. 胃镜发现有一条小虫子咬附肠黏膜
C. 显微镜下鉴定为雄性十二指肠钩口线虫成虫
D. 腹痛、柏油便
E. 胃镜发现十二指肠球部有多处散在芝麻大小出血点

多选题

1. 诊断为钩虫病的根据为(　　)

A. 大便镜检钩虫卵(+)
B. 胃镜检查发现胃小弯侧有钩虫1条
C. 显微镜检查鉴定为十二指肠钩口线虫成虫
D. 患者贫血貌、柏油便
E. 十二指肠球部有多处散在出血点
2. 患者出现柏油便的原因及机制为(　　)
A. 胃镜检查发现钩虫咬附肠黏膜,造成损伤出血
B. 胃镜检查发现十二指肠球部有多处散在出血点,陈旧伤口渗血
C. 肠黏膜有较多血管损伤,出血量大,呈柏油便
D. 钩虫前端有头腺,可分泌抗凝素,使钩虫造成的新、旧伤口不易凝血
E. 血小板减少
3. 钩虫病患者正确的治疗措施应为(　　)
A. 及时服用驱虫药　　B. 必要时输血
C. 补充铁剂、维生素　　D. 加强营养
E. 避免赤脚下地、少食辛辣食物

病例三

患儿,男,6岁8个月,家住城镇,据其父讲患儿半年来常用手指挠肛门,夜间睡眠常有夜惊和磨牙,大便时常有白线状小虫排出,会蠕动。

【体格检查】 患儿消瘦,痛苦病容,肛周皮肤有红肿和陈旧性抓痕。用透明胶纸法黏贴肛周数次后,镜检查见许多蠕形住肠线虫卵。

【治疗】 阿苯达唑20 mg口服,1 h后用硫酸镁20 g和白糖水同服,5 h后小儿排便入痰盂内,水洗收集虫体,共计2 642条,其中雌蛲虫2 379条,雄蛲虫为263条,雌雄虫之比为9∶1。

请回答下列问题:

单选题

患儿患什么病(　　)
A. 蛲虫病　　B. 美洲钩虫病
C. 十二指肠钩虫病　　D. 旋毛形线虫病
E. 牛带绦虫病

多选题

1. 确诊的病原学检查依据为(　　)
A. 多次肛门检查,均发现蛲卵　　B. 服驱虫药后,排出大量雌、雄蛲虫
C. 大便时常排出蛲虫　　D. 肛周皮肤有抓痕
E. 夜间睡眠常有夜惊和磨牙
2. 蛲虫病患儿的症状及体征为(　　)
A. 患儿半年来常用手指挠肛门　　B. 常发生夜惊和磨牙
C. 消瘦、慢性痛苦病容　　D. 肛周皮肤有新、旧抓痕

E. 粪便中常有蛲虫排出

3. 患儿严重感染的因素有(　　)

A. 患儿有蠕形住肠线虫感染

B. 肛周有大量虫卵

C. 常用手指挠肛门,可能通过“肛门—手—口”途径反复自体感染

D. 个人卫生习惯差

E. 爱吃生菜、喝生水

病例四

患者,女,27 岁,苗族,贵州省松桃县人。因畏寒、低热 1 个月,排米汤样尿 3 d,于 1993 年 12 月 18 日入院。患者反复间歇发热数年,血检微丝蚴阳性(++++),双下肢丝虫性淋巴水肿,尿液浑浊度(+++)。患者入院后,于 19 日排乳糜尿 3 400 mL,至 20 日又排乳糜尿 1 500 mL。患者随即出现疲乏、精神萎靡、恶心、呕吐 2 次,面色苍白、四肢发冷,体温不升(35℃);脉搏由 70 次/min,增至 112 次/min,甚至扪不清,血压 8/5 kPa,双下肢时有抽搐。

经给予 9 h 的抗休克处理,休克基本纠正,乳糜尿量减少,每日尿量保持在 800～1 000 mL,患者自动要求出院。

请回答下列问题:

单选题

1. 本患者诊断为丝虫病的主要依据为(　　)

A. 长期反复间歇发热　　B. 排米汤样尿,尿液浑浊度(+++)

C. 血检微丝蚴阳性(++++)　　D. 双下肢水肿

E. 消瘦、精神委靡

2. 患者本次住院主要是因为大量乳糜尿并发休克,患者可能是由哪种丝虫寄生所致(　　)

A. 班氏丝虫　　B. 马来丝虫　　C. 盘尾丝虫　　D. 帝汉丝虫

E. 罗阿丝虫

多选题

1. 本患者排乳糜尿,是由于哪部分淋巴管道阻塞(　　)

A. 下肢浅部淋巴系统　　B. 下肢深部淋巴系统

C. 主动脉前淋巴干　　D. 肠淋巴干

E. 腰淋巴干

2. 乳糜尿的性状主要有(　　)

A. 内含大量蛋白质　　B. 内含大量脂肪

C. 内含大量 WBC　　D. 体外放置易凝结

E. 沉淀物中有时可查见微丝蚴

病例五

1989 年 10 月 1～19 日,大连市一交电综合批发部发生一起因食狗肉引起的旋毛虫

病暴发。

【感染途径】 于9月26日，大连市某交电批发部7人，从大连庄河县买狗一只，在一个体饭店加工。其中5人食生拌狗肉片，1人食炒狗肉片，1人食煮狗肉。5天后，首发病例出现，诊断为感冒，治疗无效，症状逐渐加重；相继又有4人发病，于10月19日以食物中毒全部住进中国人民解放军210医院治疗。发病5人均为食生拌狗肉者，食熟狗肉的2人均未发病。

【临床表现】 入院早期，5例患者均有发热、恶心、腹痛、厌食、乏力。4人有腹泻，1人呕吐，1人便秘。继之，4人有发热38～39℃；5人均有全身肌痛，其中腓肠肌痛显著，眼睑及面部水肿，咳嗽；4人出现过敏性皮疹；嗜酸性粒细胞分别为$0.24\times10^9/L$、$0.44\times10^9/L$、$0.50\times10^9/L$、$2.20\times10^9/L$、$2.20\times10^9/L$。

【血清学检查】 于就诊后12～28天，采患者血清作ELISA，查旋毛虫抗体，5例入院者均阳性，P/n分别为3.5、2.5、3.0、3.0和2.3。2例食熟狗肉者均为阴性，P/n分别为1.5、1.0。

病原学检查：在1例患者的肌肉组织内查见旋毛虫囊包。

请回答下列问题：

单选题

1. 本次集体暴发的是什么病（　　）

A. 流行性感冒　B. 急性菌痢　C. 食物中毒　D. 旋毛虫病

E. 嗜酸性粒细胞增高症

2. 此病的感染方式为（　　）

A. 经口　B. 经皮肤　C. 经输血　D. 经传播媒介叮咬

E. 经间接接触

3. 引起此次疾病暴发的传染源是（　　）

A. 狗　B. 牛　C. 猪　D. 猫

E. 人

4. 首选治疗药物是（　　）

A. Mebendazole　B. Albendazole

C. Levamisole　D. Pyrantel pamoate

E. Metronidazole

多选题

诊断依据是（　　）

A. 食生拌狗肉片　B. 食炒狗肉片

C. 食煮狗肉　D. 旋毛虫抗体阳性

E. 患者肌肉中检出旋毛虫囊包

病例六

患者，男，45岁，广东籍，商人。2000年3月出现右上腹隐痛，厌油，食欲下降，对症处理无效。10月初出现皮肤黄染、消瘦。于10月12日入院。有生食鱼肉史（喜食“鱼生”）。

【体格检查】 一般情况可，皮肤、巩膜黄染，肝脾肋下未触及，无叩痛。

【实验室检查】 总胆红素 127 μmol/L，ALT 1 048 U/L，嗜酸性粒细胞 18%。B超检查示：肝脏大小、形态正常，光点分布均匀，肝右前叶肝胆管内有多处大小不等的强回声，血管走行清晰，门静脉内径正常，胆总管 9 mm。后做十二指肠液引流，发现 5 条葵花子样虫体，淡红色，大小为(10～25 mm)×(3～5 mm)。将引流液离心，取沉渣镜检，发现大量芝麻样虫卵，黄褐色，大小为(30～35 μm)×(12～20 μm)，壳厚，上端有卵盖，下端有小突，内含一毛蚴。

请回答以下问题：

单选题

1. 该病例的诊断为(　　)

A. *Clonorchis sinensis*　　B. *Fasciolopsis buski*

C. *Paragonimus westermani*　　D. *Schistosoma japonicum*

E. *Pagumogonimus skrjabini*

2. 询问病史时，应注意了解以下哪个问题(　　)

A. 喝生水史　　B. 食生鱼史

C. 生食茭白、菱角史　　D. 食生肉史

E. 生食溪蟹史

3. 首选治疗药物为(　　)

A. 吡喹酮　　B. 阿苯达唑　　C. 甲苯达唑　　D. 甲硝唑

E. 阿的平

多选题

1. 诊断依据为(　　)

A. 有经常生食鱼肉的病史　　B. 十二指肠液引流发现成虫、虫卵

C. 实验室检查依据　　D. 黄疸性肝炎症状

E. 有腹痛、腹泻

2. 诊断本病时，可选择哪些病原学检查方法(　　)

A. 生理盐水直接涂片法　　B. 十二指肠引流

C. 肝穿刺　　D. 查血

E. 查痰

病例七

患者，男，46 岁，浙江人。近 1 月来发热，咳嗽，咳痰，痰中带血，伴胸痛、乏力、皮疹、消瘦，曾在当地医院对症治疗无效。因发现右上腹部肿块，前来就诊。询问病史，有食“醉蟹”史。

【体格检查】 一般情况可，心肺无异常，无肝脾肿大。右上腹部肿块，大小约为 2.5 cm×3 cm，质中等硬度，无压痛，时有移行。

【实验室检查】 WBC＞10×10^9/L，嗜酸性粒细胞高达 2.84×10^9/L。痰抗酸杆菌(－)。X线胸片：肺纹理增粗，有小囊样及隧道样改变。肺吸虫皮内试验阳性(1∶8 000)。

右上腹部肿块活检，为嗜酸性肉芽肿，痰、粪均检出肺吸虫卵，诊断为肺吸虫病，采用吡喹酮（总剂量 150 mg/kg）治疗，痊愈出院。

请回答以下问题：

单选题

肺吸虫病的感染方式为（ ）

A. 进食生的、未熟的蟹或醉蟹
B. 进食生的、未熟的鱼肉
C. 进食生的、新鲜的水生植物
D. 进食生的、未熟的猪肉
E. 进食生的、未熟的蛇肉

多选题

1. 本病例的诊断为肺吸虫病的依据为（ ）

A. 食醉蟹史
B. 肺吸虫皮内试验阳性、X 线胸片阳性
C. 血嗜酸性粒细胞增高
D. 痰、粪检查均见肺吸虫卵
E. 有发热、咳嗽、咳痰

2. 肺吸虫病的预防方法有（ ）

A. 不食生的、未熟的蟹或醉蟹
B. 加强卫生宣传
C. 积极治疗患者
D. 消灭保虫宿主
E. 不接触疫水

病例八

患者，男，21 岁，某部队战士。1998 年 8 月，参加湖北抗洪抢险工作时，下肢经常出现红色小丘疹，有痒感，但任务紧急，未及时诊治。9 月份后常出现腹痛、腹泻，粪便时有黏液、脓血，伴发热、纳差而来就诊。

【体格检查】 一般情况尚可，心肺无异常，肝肋下一横指，有轻压痛。

【实验室检查】 WBC>10×10^9/L，嗜酸性粒细胞 0.08×10^9 g/L。粪便查见侧面有小棘的虫卵。

请回答以下问题：

单选题

该病例应诊断为（ ）

A. 急性血吸虫病
B. 慢性血吸虫病
C. 急性布氏姜片吸虫病
D. 尾蚴性皮炎
E. 急性阿米巴痢疾

多选题

1. 下列哪项与血吸虫病有关（ ）

A. 有疫水接触史
B. 出现过皮炎，有痒感
C. 粪检发现侧面有小棘的虫卵
D. 生食鱼肉
E. 肝脏肿大

2. 吸虫病的防治方法有（ ）

A. 积极治疗患者
B. 减少疫水接触及加强个人防护

C. 消灭钉螺　　D. 管好粪便及水源

E. 不食生肉

病例九

患者，男，25 岁，湖北省公安县人，因拉痢 3 年，全身水肿 3 个月入院治疗。

患者因生活与生产需要，经常与疫水接触，3 年来经常拉痢，时好时犯，并有里急后重现象，特别是近 3 个月来病情加重，食欲缺乏，腹部饱胀，全身水肿，身体逐渐衰弱，甚至行走困难。

【体格检查】 体温 37.8℃，脉搏 104 次/min，呼吸 76 次/min，体重 35 kg，面色苍白，全身水肿，腹部膨隆，有移动性浊音，腹壁静脉曲张，肝脾均可触及，肺部未见异常，心尖区有收缩期杂音。

【化验】 Hb 65 g/L，RBC 126×10^{10}/L，WBC 6.9×10^{9}/L，中性粒细胞 0.70×10^{9} g/L，嗜酸性粒细胞 0.07×10^{9} g/L，淋巴细胞 0.16×10^{9} g/L，单核细胞 0.07×10^{9} g/L，尿无异常，毛蚴孵育法阳性。

请回答下列问题：

单选题

1. 痢疾样粪便产生机制（　　）

A. 虫卵沉积在肠壁，毛蚴分泌物渗入组织，引起炎症和变态反应，导致组织坏死，坏死组织破溃到肠腔，随粪便排出

B. 成虫咬附在肠黏膜上，破坏肠黏膜

C. 童虫钻肠壁造成组织破坏

D. 虫卵沉积在肠壁，引起纤维组织增生和肠息肉

E. 成虫寄生引起烧瓶样溃疡，坏死组织破溃到肠腔，随粪便排出

2. 晚期血吸虫病肝脏病变（　　）

A. 胆汁型肝硬化　　B. 肝胆管阻塞

C. 干线型肝硬化　　D. 巨噬细胞大量增加，引起肝大

E. 成虫寄生对肝组织造成机械性压迫，引起肝细胞萎缩

多选题

1. 上述哪些病史、体征和化验结果有助于血吸虫病的诊断（　　）

A. 与疫水接触　　B. 有痢疾样粪便

C. 肝脾均可触及　　D. 腹部膨隆，有移动性浊音

E. 毛蚴孵育法阳性

2. 晚期血吸虫病的主要临床症状有（　　）

A. 腹水　　B. 肝脾肿大

C. 食管及胃底静脉曲张　　D. 荨麻疹

E. 拉痢

病例十

患者，男，32 岁，江苏人。因发热，腹痛，排脓血便 1 个月余就诊。患者 3 个月前乘船

到湖南农村，由于天气炎热多次在河里洗澡，当时手脚及身体皮肤有米粒大小的红色丘疹出现，发痒，有时有风疹块，未予重视，几天后出现咳嗽、发热、食欲减退，给予感冒片治疗好转。1个月前患者又出现发热、腹泻、脓血便，3～4次/d，上腹部疼痛，消瘦，到当地医院给予抗生素治疗无效。

【体格检查】 T 39.2℃，消瘦面容，神志清楚，心肺(－)，腹部稍膨胀，肝剑突下3 cm，有压痛，脾可触及。

【血常规】 白细胞升高，嗜酸性粒细胞增多。

【X线胸片】 正常。

请回答以下问题：

1. 根据上述病史、体格检查及化验结果，你认为该患者患的是什么病？
2. 你认为还应当进行哪些检验以便确诊？
3. 患者如何处理？

病例十一

患者，男，46岁，因肌肉酸痛1个月，头痛、头晕、恶心、呕吐、少语而就诊入院。既往有高血压病史。

【体格检查】 T 36℃，BP 180/110 mmHg(24/14 kPa)。眼底检查发现双侧视乳头轻度水肿，无出血；脑脊液压力2.16 kPa，蛋白(＋)。颅脑CT示：额叶2 cm×3 cm大小低密度灶，第四脑室轻度扩大。拟诊断为脑梗死。

【病程】 入院后，经降颅内压，静滴羟乙基淀粉(代血浆)、曲克芦丁(维脑路通)、蝮蛇抗栓酶等，治疗10 d，症状加重，出现视力模糊、抽搐，重新考虑诊断。

经详细询问病史及做体格检查，发现患者经常吃“烤猪肉串”；胸前区有多个皮下活动性结节，手术摘取皮下结节检查，确诊为猪囊尾蚴；免疫学诊断囊虫抗体阳性，给予阿苯达唑治疗后症状完全缓解出院。

请回答以下问题：

单选题

1. 患者误食什么而感染(　　)

A. 链状带绦虫卵　　B. 猪囊尾蚴

C. 棘球蚴　　D. 细粒棘球绦虫卵

E. 肥胖带绦虫卵

2. 确诊本病的主要依据为(　　)

A. 患者经常吃“烤猪肉串”　　B. 皮下有多个活动性结节

C. 活检皮下结节为猪囊尾蚴　　D. 免疫学诊断阳性

E. 阿苯达唑治疗有效

3. 除阿苯达唑外，治疗本病的常用有效药物还有(　　)

A. 伯氨喹　　B. 吡喹酮

C. 甲硝唑　　D. 槟榔和南瓜子合剂

E. 乙胺嘧啶

多选题

本病的常用免疫学诊断方法有(　　)

A. 皮内试验
B. 酶联免疫吸附试验
C. 环卵沉淀试验
D. 间接血凝试验
E. 尾蚴膜试验

病例十二

患者,男,30岁,导游。2年前因反复腹痛、腹泻诊断为“慢性结肠炎”,经对症治疗,病情好转,但仍时有腹泻,并时有便秘。曾查粪便未检出阿米巴包囊。近1个月,患者因发热、肝区疼痛、消瘦而入院治疗。

【体格检查】 消瘦,T 38.3℃,肝肋下一指,脾未触及,右上腹有压痛,心肺(—)。

【实验室检查】 RBC 4.1×10^{12}/L,WBC 6.5×10^{9}/L,Hb 120g/L,中性粒细胞 0.8×10^{9} g/L,淋巴细胞 0.19×10^{9} g/L,单核细胞 0.1×10^{9} g/L。粪检:大便成形,反复粪检查见溶组织内阿米巴包囊。腹部B超示肝右叶有一 3 cm×2 cm×2 cm 的囊性灶,可见液面。

【病程】 患者入院后进行对症治疗及抗阿米巴治疗,使用甲硝唑 800 mg,3 次/d,共 9 d。患者体温降至正常,经两个疗程治疗后,患者康复出院。

请回答以下问题:

单选题

该患者应诊断为(　　)

A. 慢性肠阿米巴病
B. 急性肠阿米巴病
C. 慢性肠阿米巴病伴阿米巴肝脓肿
D. 慢性结肠炎伴阿米巴肝脓肿
E. 急性阿米巴肝脓肿

多选题

1. 甲硝唑可杀灭(　　)

A. 肠道中的包囊
B. 肠道及肠壁中的滋养体
C. 肝脏中的包囊
D. 肝脏中的滋养体
E. 肝脏中的包囊及滋养体

2. 患者还需服用以下何种药物杀灭肠道内阿米巴包囊(　　)

A. 青蒿素
B. 二氯尼特糠酸酯
C. 二碘羟基喹啉
D. 乙胺嘧啶
E. 氯喹

3. 作为职业导游,患者治愈后,应注意采取哪些措施防止再感染(　　)

A. 不喝生水
B. 不吃生鱼
C. 注意个人卫生
D. 必要时服用氯碘喹啉
E. 不吃水生植物

病例十三

患者,男,18岁,在山东省某县工作,1985年7月自感头痛、发热、乏力,服用APC、安乃近等解热镇痛药无效，发热已持续 2 周。体温 39.5℃，门诊以“发热待查”收入住院。

【体格检查】 BP 90/60 mmHg(12/8 kPa)，脉搏 120 次/min，贫血面容，牙龈少许出血，两腋窝及腹股沟处可触及蚕豆大小的肿大淋巴结，无压痛，肝肋下 2 cm，脾肋下 10 cm，质软，两肺有轻度啰音，心脏(一)。

【实验室检查】 RBC 180×10^{10}/L，WBC 2.0×10^{9}/L，血小板 4.6×10^{10}/L，Hb 40 g/L，A/G＝25∶45。

【病原学检查】 检出杜氏利什曼原虫。

【免疫学检查】 leishmania Intradermal test(一)。

【诊断】 内脏型利什曼病。

请回答以下问题：

单选题

1. 该患者确诊依据是(　　)

A. 骨髓穿刺涂片查到前鞭毛体　　B. 骨髓穿刺涂片查到无鞭毛体

C. 脾脏穿刺涂片查到前鞭毛体　　D. 脾脏穿刺涂片查到前鞭毛体与无鞭毛体

E. 穿刺物培养检出无鞭毛体

2. 患者 *Leishmania* intradermal test(一)，显示(　　)

A. 体液免疫低下　　B. 细胞免疫低下

C. 轻度感染，抗体产生量少　　D. 操作误差，应重做

E. 患者存在先天性免疫缺陷

多选题

1. 该病例与内脏利什曼病特点相符的有(　　)

A. 患者来自流行区　　B. 青年男性

C. 全血性贫血　　D. 肝脾、淋巴结肿大

E. 持续发热 2 周

2. 患者出现全血性贫血的原因是(　　)

A. 无鞭毛体可破坏血细胞　　B. 前鞭毛体可破坏血细胞

C. 脾功能亢进　　D. 骨髓造血功能受抑制

E. 免疫性溶血

3. 患者 A/G 倒置是由于(　　)

A. 肝脏合成白蛋白增多　　B. 肝脏合成白蛋白减少

C. 浆细胞增生产生球蛋白增多　　D. 浆细胞大量被破坏，球蛋白减少

E. 部分白蛋白可从尿中排出

4. 黑热病的特效药物有(　　)

A. 抗生素　　B. 葡萄糖酸锑钠　　C. 氯喹　　D. 喷他脒

E. 乙胺嘧啶

5. 在黑热病患者可能出现以下情况(　　)

A. 不经治疗可自愈　　B. 免疫力低下，易死于感染

C. 免疫球蛋白增高，免疫力增强　　D. 治愈后患者仍可再感染

E. 治愈后患者利什曼素试验呈(+)
6. 防治该病的根本措施是(　　)
A. 查治患者　B. 加强卫生管理　C. 消灭白蛉　D. 捕杀病犬
E. 搞好环境卫生

病例十四

患者,女,26 岁,已婚,内蒙古某地牧民。自感近几周外阴痛痒,腰酸,白带增多、味臭、泡沫状,同时伴有尿频、尿急等症状,月经后加重。妇科检查外阴部红肿。取阴道分泌物生理盐水涂片可见大量梨形或圆形虫体,前端可见鞭毛运动,轴柱从后端伸出,做螺旋式运动。

请回答以下问题:

单选题

1. 根据镜检的虫体形态,鉴定为(　　)
A. 溶组织内阿米巴滋养体　B. 脆弱双核阿米巴滋养体
C. 阴道毛滴虫滋养体　D. 蓝氏贾第鞭毛虫滋养体
E. 人毛滴虫滋养体
2. 哪些情况有助于本病诊断(　　)
A. 已婚女性　B. 日常工作与犬接触密切
C. 外阴痛痒,白带呈泡沫状　D. 有泌尿系刺激症状
E. 镜检有病原体
3. 治疗患者可选用的药物有(　　)
A. 口服抗生素　B. 口服甲硝唑
C. 局部使用甲硝唑栓剂　D. 乙胺嘧啶
E. 乙胺嗪
4. 防治此种寄生虫病的有效措施是(　　)
A. 注意饮食卫生　B. 消灭保虫宿主
C. 讲究性卫生　D. 防止间接接触感染
E. 对其配偶亦应检查治疗

病例十五

患者,女,18 岁,北京市某农场挤奶工人。主诉腹痛、腹泻 1 周。患者自幼喜饮生水和生奶。近半年来常出现腹痛、腹泻、水样便、量大、恶臭味、无脓血,并伴有发热、头痛,经服抗生素后缓解,近来又出现症状。

【病原学检查】 粪检发现有梨形虫体,背面隆起,腹面扁平,借助鞭毛运动,运动活泼。

请回答以下问题:

单选题

1. 根据上述病史应诊断为(　　)
A. 阿米巴痢疾　B. 蓝氏贾第鞭毛虫病

C. 人毛滴虫病　　D. 脆弱双核阿米巴病
E. 口腔毛滴虫病
2. 该患者病原学检查可选用(　)
A. 取急性期粪便涂片查滋养体　　B. 乙状结肠镜活检
C. 取粪便作毛蚴孵育法　　D. 取粪便作钩蚴孵育法
E. 饱和盐水浮聚法查包囊

多选题

1. 除了发现病原体之外,哪些病史有助于诊断(　)
A. 发热、腹泻、腹痛　　B. 水样便,恶臭味,无脓血
C. 有饮生水、生奶史　　D. 经常与食草动物接触
E. 女性青年
2. 治疗此病可选用(　)
A. 磺胺嘧啶　　B. 甲硝唑　　C. 阿苯达唑　　D. 槟榔加南瓜子
E. 硫酸镁
3. 为防止此种寄生虫感染,可采取以下哪些措施(　)
A. 注意饮食卫生和饮水卫生　　B. 对急性期患者粪便应及时做消毒处理
C. 消灭保虫宿主　　D. 防止媒介昆虫叮咬
E. 避免接触患者,防止空气传播

病例十六

患者,男,30 岁,8 月 15～21 日赴海南岛工作。8 月 30 日出现发热、腹泻,因工作忙未及时就医,9 月 7 日病情加重,出现休克,立即住院。

【体格检查】 定向力障碍,颈强直,肺无异常,肝、脾无肿大,无皮疹。

【实验室检查】 Hb 75 g/L,WBC 1.3×10^9/L,中性粒细胞 0.82、淋巴细胞 0.18,血涂片有大量疟原虫环状体,脑脊液检查正常,胸透正常。

【病程】 患者服用 1.5g 氯喹后昏迷,药物无法口服,9 月 8 日～9 日改用肌内注射氯喹,9 月 10 日苏醒,因治疗休克时输血和甘露醇以及静脉输液,所以血压有时正常,除尿氮暂时增高外,其他化验指标无异常。

9 月 10 日血涂片检查疟原虫环状体数量减少,9 月 11 日转阴,但在 9 月 10 日和 9 月 11 日体温突然升到 39℃,体格检查显示左肺叶典型实变,脾可触及、胸部 X 线检查确定左下叶肺炎,故用青霉素治疗。

住院前患者已用磷酸氯喹 4 g 治疗,以后继续治疗,250 mg/次,2 次/d,血涂片转阴后才停药,医师建议不必用伯氨喹治疗。在休克期间停止服用氢化可的松,因为此药可减弱对疟疾的抵抗力,患者治愈后最好进行神经病学和脑电图检查。偶尔,此类疟疾病例可有脑损伤后遗症。

请回答以下问题:

单选题

1. 患者感染了哪种疟原虫(　)

A. 间日疟原虫　B. 恶性疟原虫　C. 卵形疟原虫　D. 三日疟原虫
E. 卵形疟原虫和三日疟原虫混合感染
2. 患者哪些组织器官出现毛细血管堵塞(　　)
A. 脑　B. 眼　C. 脂肪组织　D. 皮肤
E. 淋巴结
3. 患者的潜伏期是(　　)
A. 48 h　B. 9～15 d　C. 1 个月以上　D. 15～28 d
E. 36～48 h
4. 为什么此患者不用伯氨喹治疗(　　)
A. 因为此药加重毛细血管堵塞　B. 因为这种寄生虫生活史中无复发
C. 因为这种寄生虫对伯氨喹有抗性　D. 因为伯氨喹能引起溶血性贫血
E. 因为伯氨喹的副反应太大

病例十七

患者，女，47 岁，四川人，因 5 天来间歇性发热入院。

住院前 4 天早晨体温正常，但下午发热(38.3℃)、寒战，晚上退热。住院前 2 天再次发作，症状同前。两次发作之间体温正常。在不发热期间，患者感觉良好，入院前经医师诊断为流行性感冒，经治疗无效，入院当天左侧胸痛、伴轻度咳嗽、体温升至 40.5℃、寒战而入院。

体格检查：BP 146/90 mmHg(19.42/11.97 kPa)，心率 120 次/min，呼吸 20 次/min，T 40.3℃，急性病容，心脏检查正常，左肺可闻少量啰音，腹部检查正常。

实验室检查：Hb 140 g/L，血沉 14 mm，WBC 6.65×10^9/L，其中中性粒细胞 0.80×10^9 g/L，淋巴细胞 0.20×10^9 g/L，尿糖及蛋白(－)。

病程：入院后 4 h 虽没服药却退热。血涂片检查显示一个油镜视野中有 4 个红细胞内有原虫寄生，虫体均有一个细胞核和多量细胞质，细胞质形态不规则，有空泡和伪足，其上有棕黄色小点。被寄生的红细胞胀大、色变浅，其上有红色小点。入院后检查脾可触及、质软。

请回答以下问题：

单选题

1. 此患者患的疾病是(　　)
A. 间日疟疟疾　B. 黑热病　C. 恶性疟疟疾　D. 弓形虫病
E. 三日疟疟疾
2. 血涂片所见的病原体是(　　)
A. 刚地弓形虫包囊　B. 杜氏利什曼原虫无鞭毛体
C. 间日疟原虫滋养体　D. 恶性疟原虫环状体
E. 三日疟原虫配子体
3. 应在什么时间作血涂片检查最好(　　)
A. 寒战前取血　B. 发热前取血

C. 在夜晚取血　　D. 发热数小时取血
E. 寒战后即刻取血
4. 此患者还应服什么药以达到彻底治疗的目的(　　)
A. 奎宁　　B. 伯氨喹　　C. 乙胺嘧啶　　D. 咯萘啶
E. 乙胺嗪

多选题

杀死血内原虫应选择哪种药物(　　)
A. 伯氨喹　　B. 乙胺嘧啶　　C. 氯喹　　D. 甲硝唑
E. 青蒿素

病例十八

婴儿出生(正常产)6个月后出现脑积水,脑部X线检查显示一块脑钙化灶,血清学试验阳性。

患者,男,32岁,淋巴结肿大,发热、咽炎、精神欠佳、食欲缺乏、头痛,血清学检查阳性。

患者,女,48岁,体重减轻、发热、嗜睡,X线检查显示右中叶和左下叶肺浸润,此后,发生尿失禁,突然半身瘫痪,谈话迟缓,WBC 3.8×10^9/L,Hb 104 g/L,脑脊液检查600个白细胞/μL,其中大部分为多核白细胞,蛋白83 mg。细菌和真菌培养阴性,住院12 d进行骨髓穿刺检查,发现含有数十个新月形虫体的假包囊。同天进行特异性血清学检查(阳性),在入院14 d后死亡。

患者,男,16岁,几个星期来右眼视力降低、眼痛。检眼镜检查显示视网膜脉络膜炎,血清学检查阳性。

请回答以下问题:

单选题

1. 上述4个病例均诊断为(　　)
A. 原发性脑膜脑炎　　B. 阿米巴病
C. 弓形虫病　　D. 卡氏肺孢子虫病
E. 黑热病
2. 6个月患儿的先天性感染来自(　　)
A. 污染牛奶　　B. 分娩时产道　　C. 蚊媒介　　D. 饮生水
E. 母亲子宫内胎盘

多选题

1. 你还应询问哪些病史(　　)
A. 与猫接触的历史　　B. 与家畜接触的历史
C. 食用水生植物的历史　　D. 食生的或未煮熟肉的历史
E. 游泳的历史
2. 下列哪些方法有助诊断(　　)
A. IFA　　B. 尿培养　　C. ELISA　　D. 蛋白电泳

E. IHA

3. 治疗药物有(　　)

A. 螺旋霉素　B. 米诺环素+磺胺嘧啶

C. 甲硝唑　D. 阿苯达唑

E. 吡喹酮

病例十九

患儿,男,8 岁,家住吉林省某城镇。因发音不清、吞咽困难、下肢瘫痪而入院。患儿平素体健,发病前一天随家长到林区游玩。发病初,患儿易激怒,下肢疼痛,步态蹒跚,随后出现发音不清、吞咽困难及下肢瘫痪。

【体格检查】 患儿发育、营养良好,神志尚清楚,各种反射消失。在颈后发际处发现硬蜱 1 只,细心摘除后,经鉴定为安氏革蜱(*Dermacentor andersoni*),雌性。常规化验检查均正常。

【病程】 明确诊断后,经及时治疗,2 d 后全部症状消失,患儿痊愈出院。

请回答下列问题:

单选题

1. 对于上述病例应首先考虑的诊断是(　　)

A. 森林脑炎　B. 脊髓灰质炎　C. 蜱媒回归热　D. 蜱瘫痪

E. 流行性乙型脑炎

2. 如果未能及时明确诊断,患儿最可能出现下列哪一种情况(　　)

A. 脑水肿引起昏迷　B. 呼吸衰竭

C. 肾功能衰竭　D. 肝性脑病

E. 心脏骤停

3. 患儿的症状是由蜱涎液内的何种物质引起的(　　)

A. 森林脑炎病毒　B. 包柔螺旋体

C. 贝氏立克次体　D. 神经毒素

E. 克里米亚—刚果出血热病毒

多选题

发现蜱叮刺人体时,应采用哪些方法将蜱摘除(　　)

A. 滴乙醚或氯仿将蜱麻醉后拔除　B. 涂甘油或凡士林将蜱窒息后拔除

C. 先将蜱轻轻摇动,再果断拔除　D. 捏住蜱躯体迅速拔除

E. 涂抹敌敌畏将蜱杀死后拔除

病例二十

患者,女,28 岁,医院护理工。自感皮肤瘙痒 1 个月。发病起始时,发现两手指间皮肤发红,有针尖大小的小点,痒感,以为与使用清洁剂有关,在改用其他类型的清洁剂之后,仍感瘙痒,而且瘙痒部位扩展到手背、腕部、肘窝、腋下、乳房下、背部,以为缺乏维生素,服用多种维生素后仍不见效,痒感加重,夜间尤甚,遂来就诊。

【体格检查】 一般情况尚好。在手背、腕部和臂部有脱皮现象，乳房下和背部有丘疹皮损，可见发亮的小水疱和线状红色病变。

【化验】 常规化验除嗜酸性粒细胞增多外，其余均正常。

【病原学检查】 刮取线状红疹部镜检，发现圆形乳白色虫体，虫体长约 0.2～0.4 mm，颚体短小，躯体背面有波纹、皮刺及刚毛。足 4 对，前两对足与后两足间相距较远，雌虫第 1、2 对足末端有带柄的吸垫，第 3、4 对足末端有长刚毛；雄虫除第 3 对足末端为长刚毛外，其余各足末端均为带柄的吸垫。

【治疗】 患者经硫黄制剂治疗后，未再出现新的皮损，皮肤瘙痒症状经用炉甘石洗剂涂敷后逐渐消失。在进行流行病学调查时，发现患者所管的病房中有两个同样症状的患者，其中一人在入院前就有皮肤瘙痒，遂对两患者进行皮肤刮片镜检，发现相同的虫体。

请回答下列问题：

单选题

根据上述，你首先考虑的诊断是（ ）

A. 恙螨皮炎 B. 革螨性皮炎 C. 疥疮 D. 皮肤幼虫移行症

E. 谷痒症

多选题

1. 本病例的感染途径有（ ）

A. 与感染本病患者密切接触 B. 接触患者的衣服、被褥、毛巾等

C. 蚊子吸血感染 D. 误食病原体污染的食物

E. 通过空气吸入感染

2. 下列哪些方法可查出该病的病原体（ ）

A. 消毒针头挑破局部皮肤，镜检

B. 消毒的矿物油滴皮损处，用刀片刮取皮损镜检

C. 解剖镜直接检查皮损部位

D. 免疫学试验

E. 血涂片检查

3. 哪些药物可治疗本病（ ）

A. 10%硫黄软膏 B. 10%苯甲酸苄酯搽剂

C. 1%丙体 666 霜剂 D. 10%优力肤霜

E. 伊维菌素

4. 预防本病的措施有哪些（ ）

A. 勤洗澡，勤换衣服 B. 避免与患者接触

C. 对患者的衣服、被褥及时消毒 D. 饭前便后要洗手、讲究饮食卫生

E. 灭鼠

病例二十一

患者，男，30 岁，已婚，工人。主诉阴部瘙痒 1 个月。发病以来，患者通过洗澡及更换沐浴液均未减轻症状，遂来就诊。

【检查】 阴部皮肤发红，有丘疹。在阴毛上可见灰白色虫体，宽而短，形似蟹，大小为1.5～2.0 mm；有3对足，前足细小，中、后足明显粗大；腹部后部几节腹板侧缘生有锥形突起，突起上有刚毛。在阴毛根部可见白色的虫卵，椭圆形，大小约为0.8 mm×0.3 mm，虫卵紧紧黏附在阴毛上，其游离端有盖，上有气孔和小室。

追述病史，患者发病后其妻也出现相同症状，其妻身上也查见与患者身上形态相同的虫体和虫卵。

请回答下列问题：

单选题

1. 患者体表寄生的虫体是(　　)

A. 臭虫　　B. 蚤幼虫　　C. 白蛉幼虫　　D. 耻阴虱

E. 人体虱

2. 该病的主要传播途径是(　　)

A. 臭虫体表鬃毛携带虫卵所致　　B. 蚤叮人吸血时注入病原体

C. 白蛉叮人吸血时注入病原体　　D. 通过性生活感染

E. 误食虫卵感染

3. 该虫体能永久性寄生于体表是由于(　　)

A. 口器上生有倒齿，刺入人皮肤后长时间吸血

B. 足末端生有攫握器，能紧握阴毛不脱落

C. 足末端刚毛上有吸垫，紧紧吸附皮肤

D. 口器末端有1对半圆形唇瓣，紧紧吸附皮肤

E. 对人体的汗臭、气味有特殊的趋向性

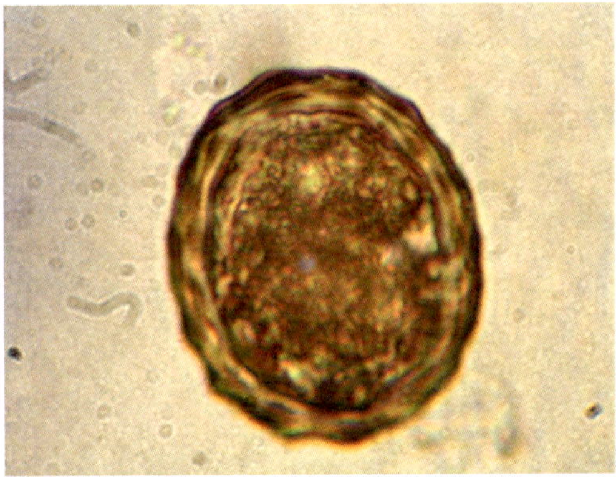

彩图 1 未受精蛔虫卵

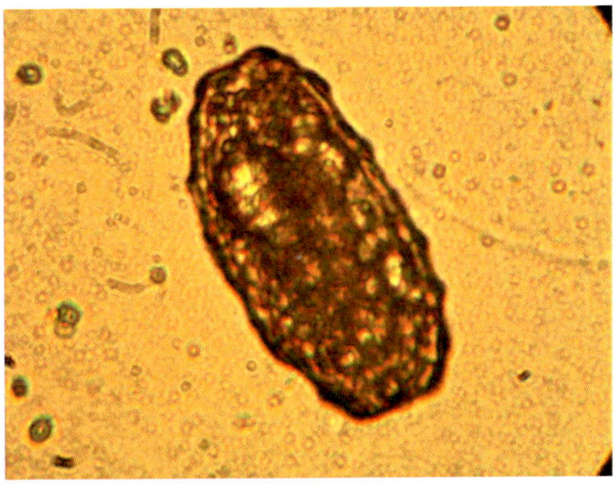

彩图 2 受精蛔虫卵

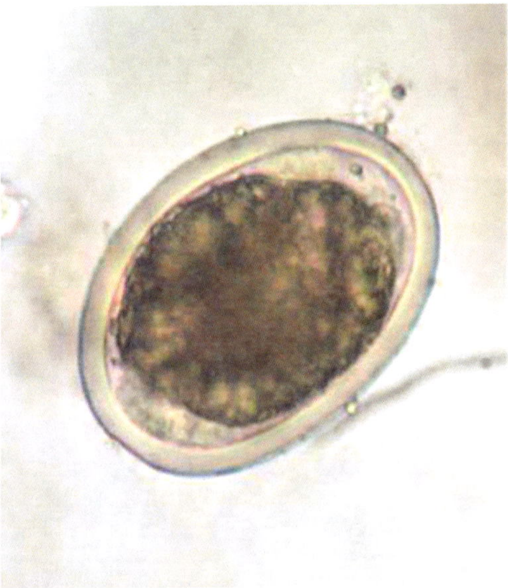

彩图 3 脱蛋白质膜蛔虫卵

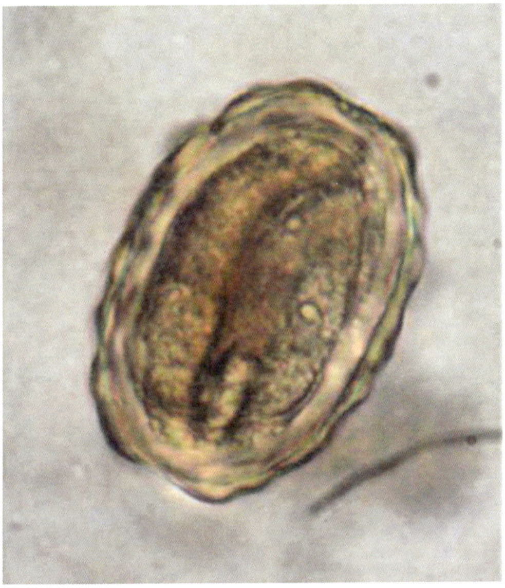

彩图 4 感染性蛔虫卵

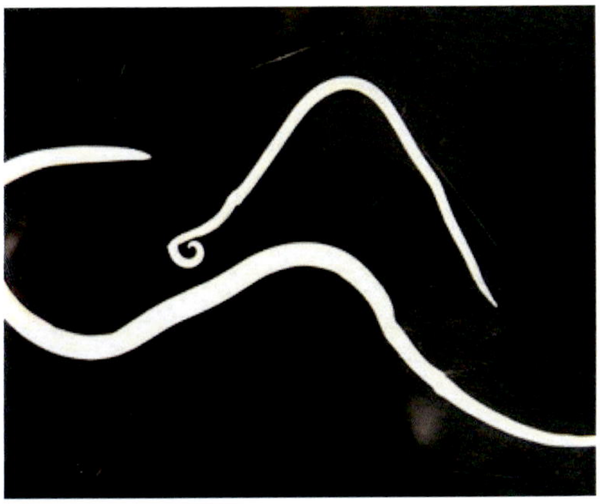

彩图 5 雌雄蛔虫成虫

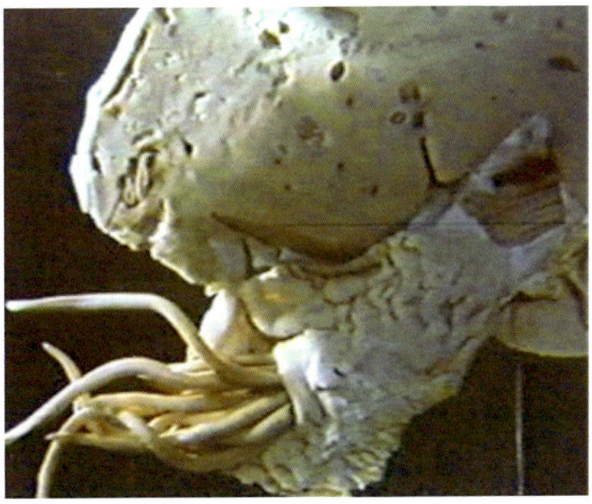

彩图 6 胆道蛔虫病

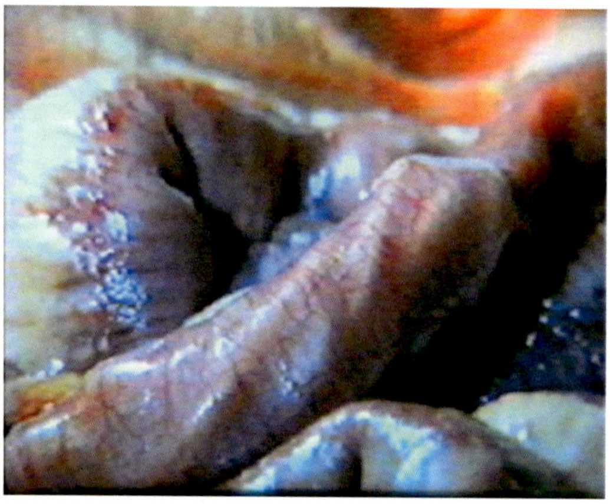

彩图 7 蛔虫性肠梗阻

彩图 9 雌雄鞭虫成虫

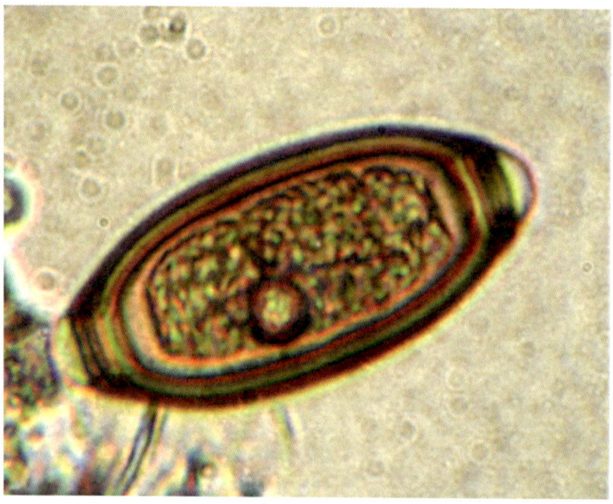

彩图 8 鞭虫卵

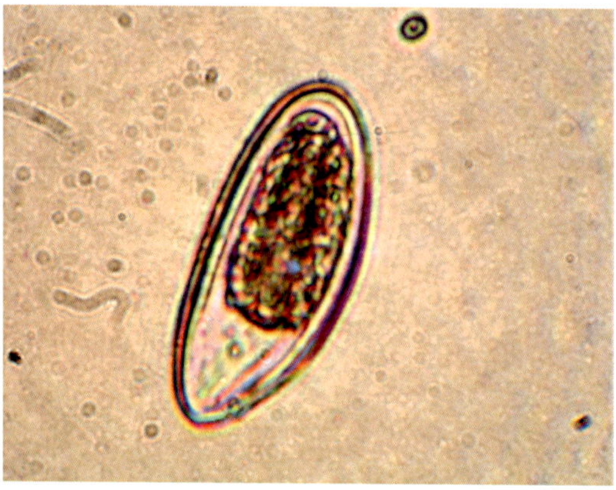

彩图 10 蛲虫卵

彩图 11 雌雄蛲虫成虫

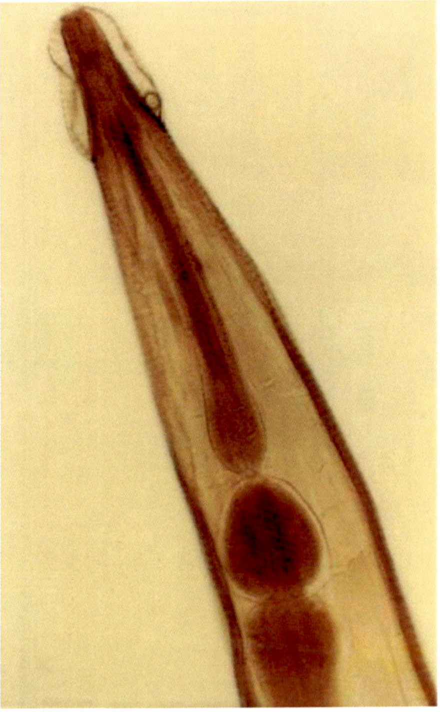

彩图 12 蛲虫成虫食道球

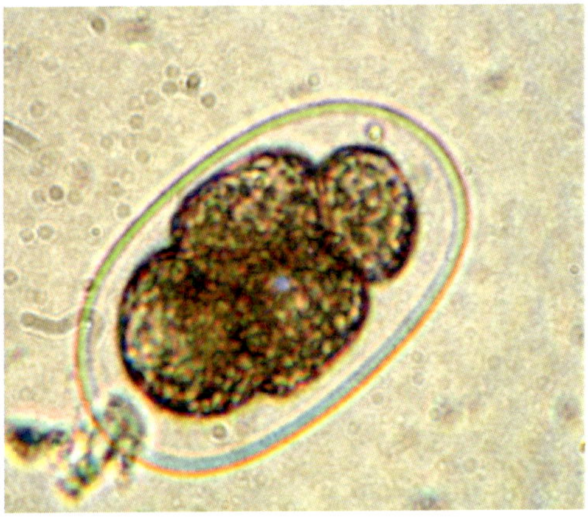

彩图 13 钩虫卵

彩图 14 十二指肠钩虫

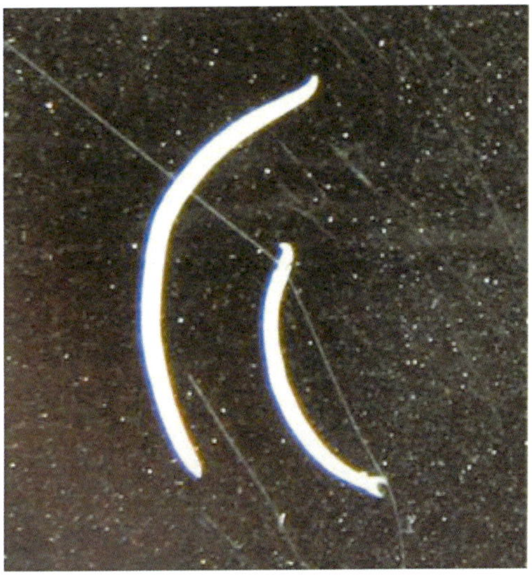

彩图 15 美洲钩虫

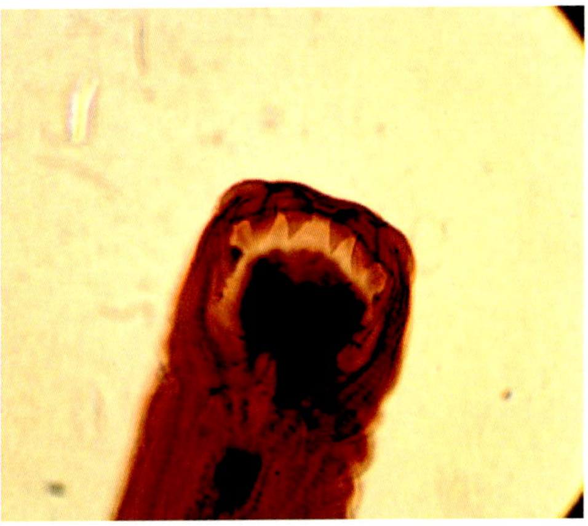

彩图 16 十二指肠钩虫口囊

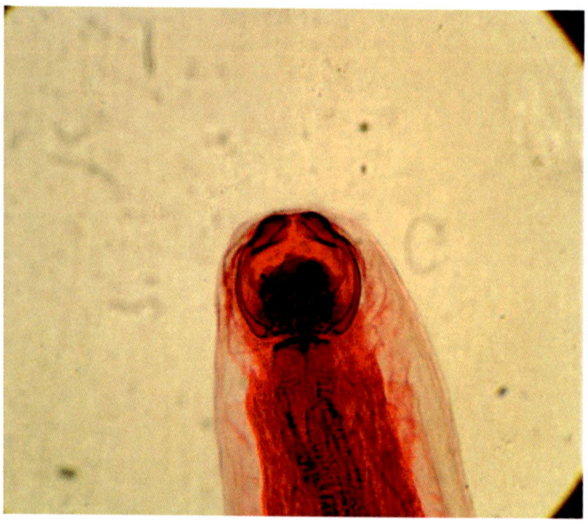

彩图 17 美洲钩虫口囊

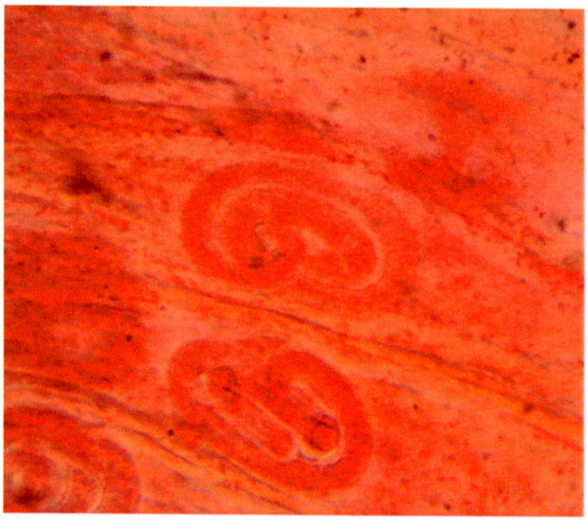

彩图 18 旋毛虫幼虫囊包

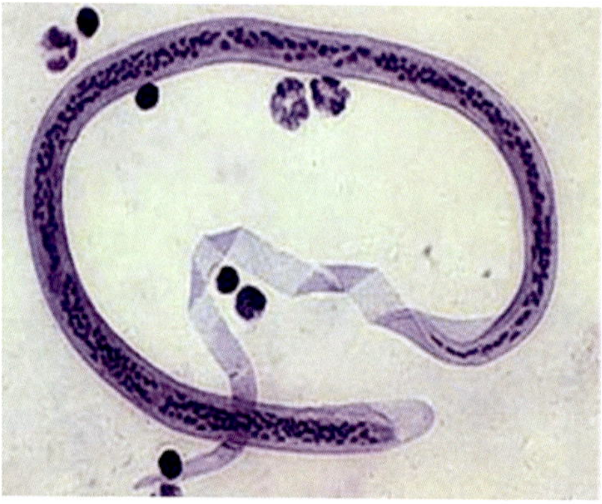

彩图 19 班氏丝虫微丝蚴

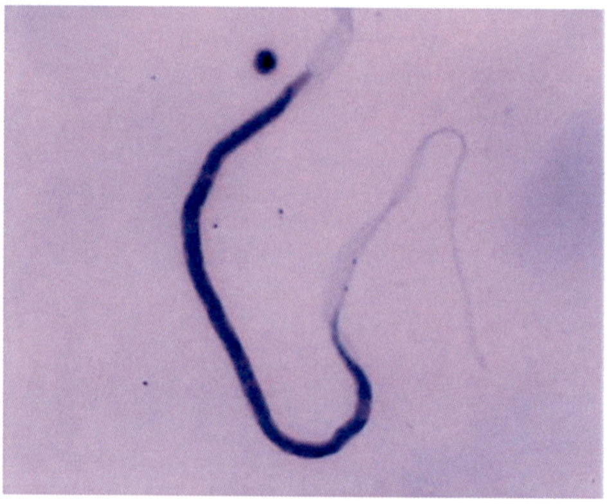

彩图 20 马来丝虫微丝蚴

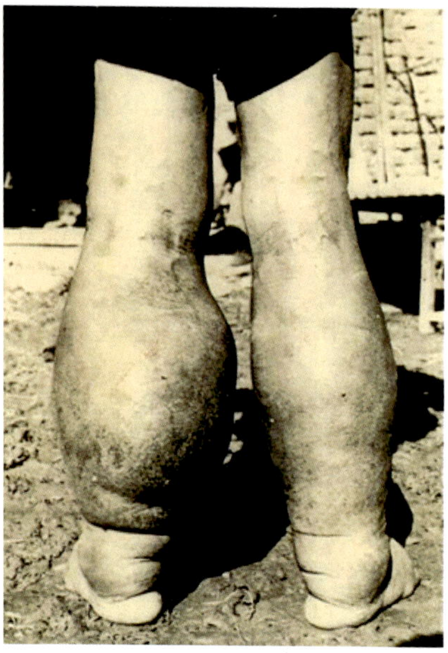

彩图 21 下肢象皮肿

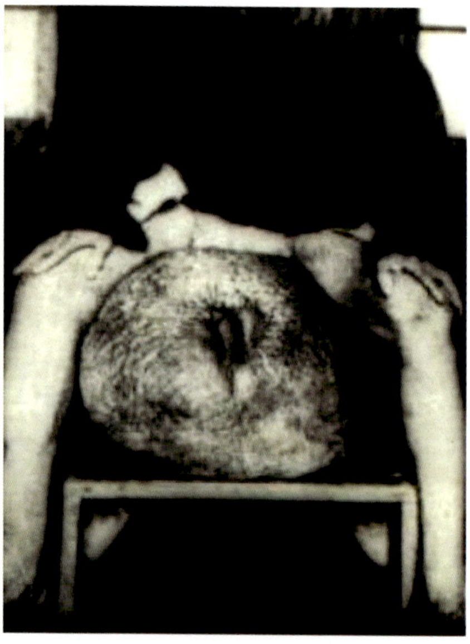

彩图 22 阴囊象皮肿

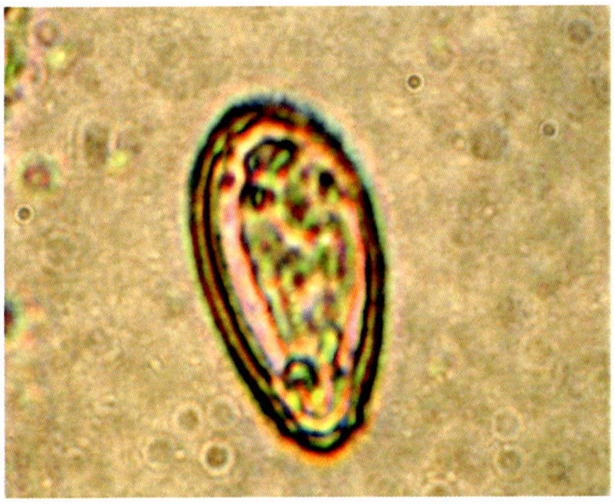

彩图 23 华支睾吸虫卵

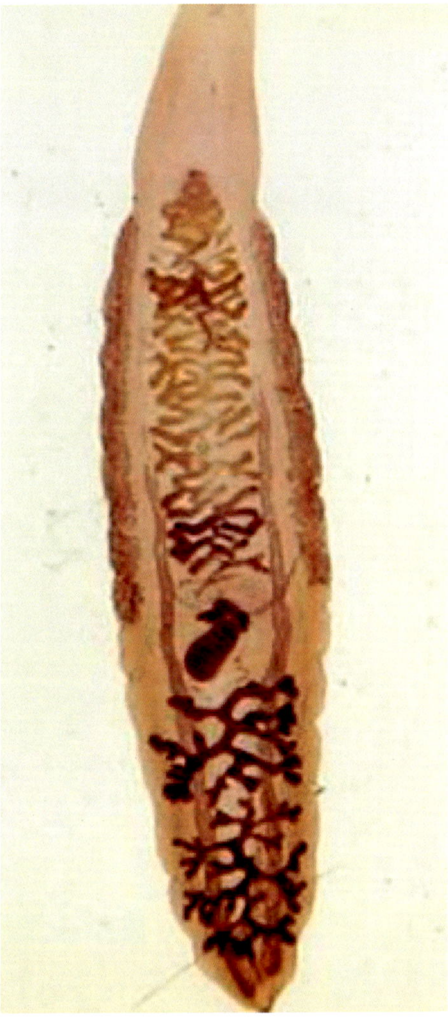

彩图 24 华支睾吸虫成虫

彩图 25 华支睾吸虫成虫

彩图 26 豆螺

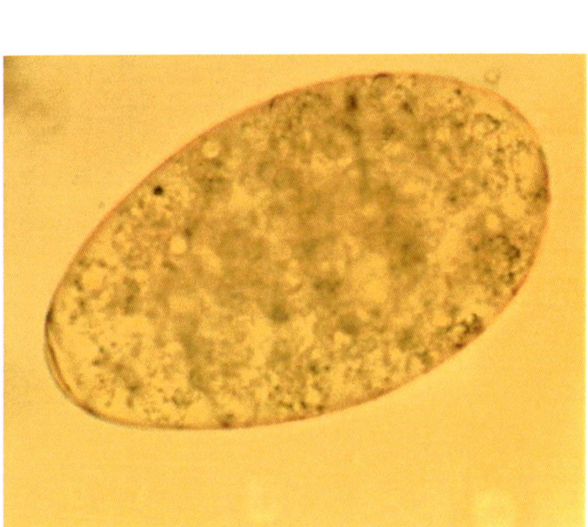

彩图 27 姜片虫卵

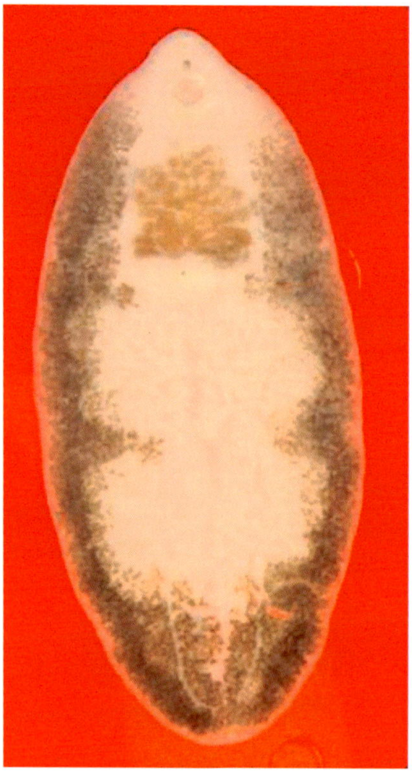

彩图 28 姜片虫成虫

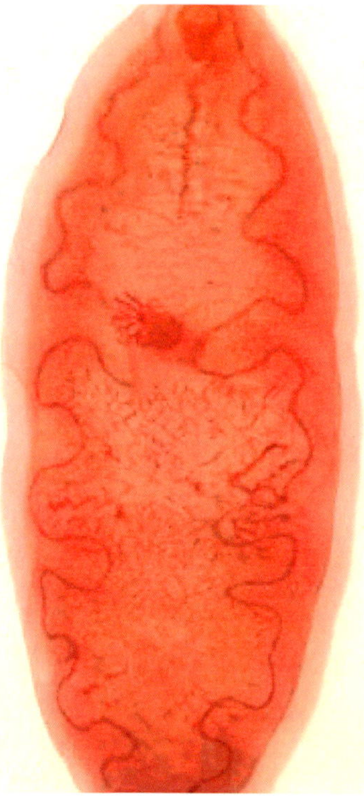

彩图 29 姜片虫成虫

彩图 30 扁卷螺

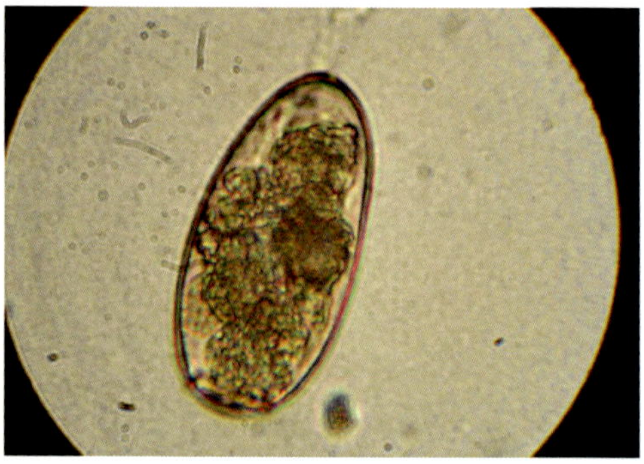

彩图 31 肺吸虫卵

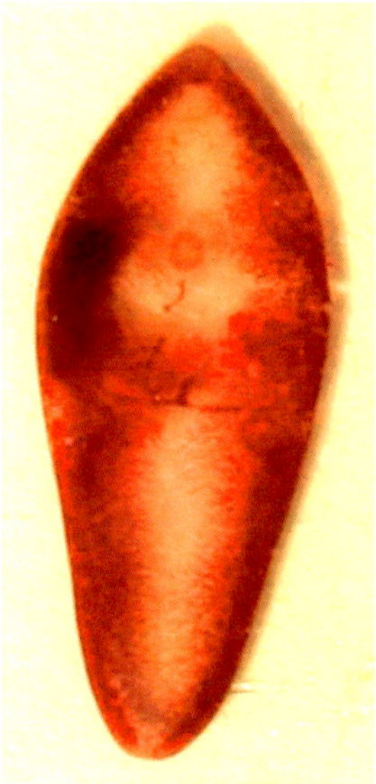

彩图 32 卫氏并殖吸虫成虫

彩图 33 斯氏狸殖吸虫成虫

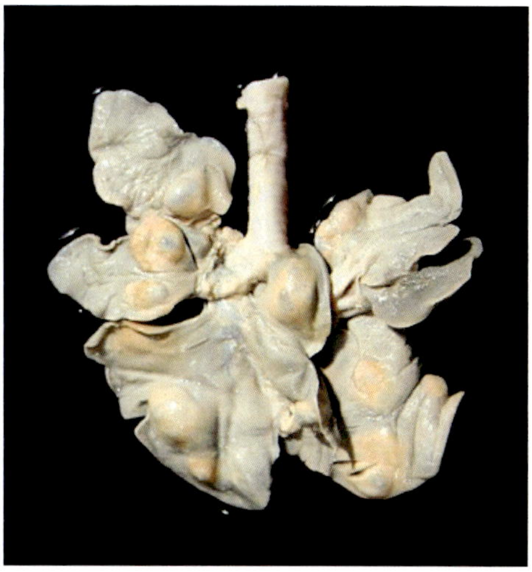

彩图 34 狗肺病理标本

彩图 35 川卷螺

彩图彩图 36 拟钉螺

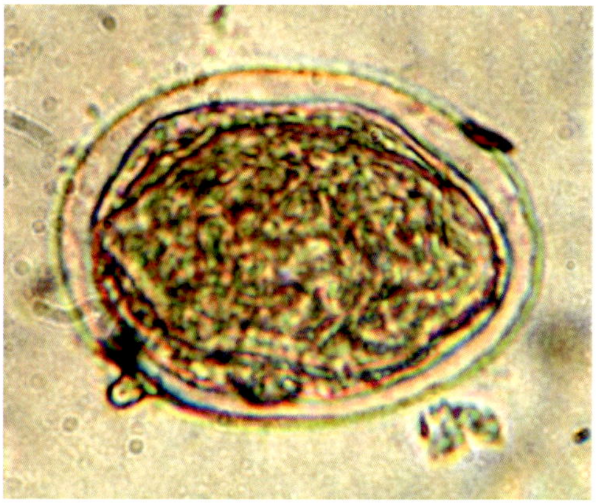

彩图 37 日本血吸虫卵

彩图 38 日本血吸虫雄虫

彩图 39 日本血吸虫雌虫

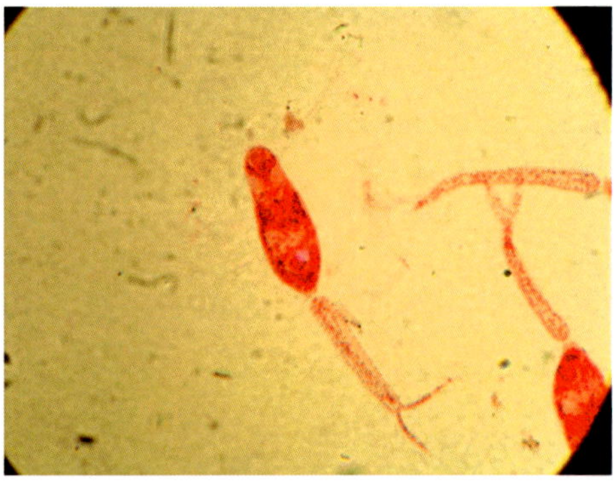

彩图 40 日本血吸虫尾蚴

彩图 41 湖北钉螺

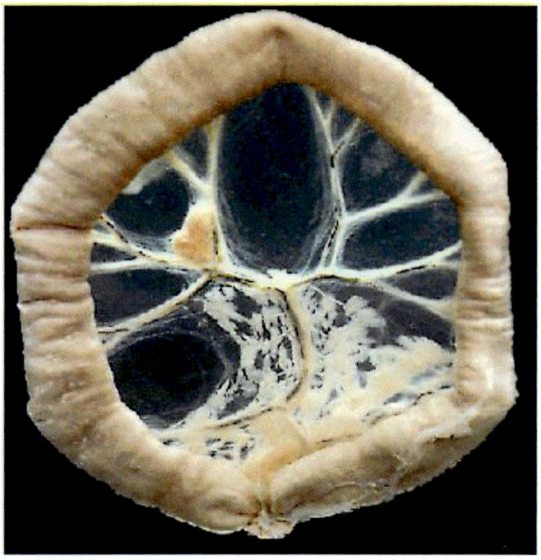

彩图 42 血吸虫病兔之肠系膜

彩图 43 血吸虫病兔之肝脏

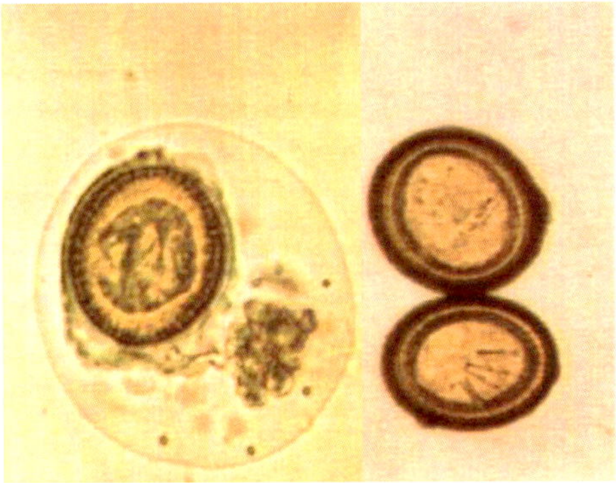

彩图 44 带绦虫卵

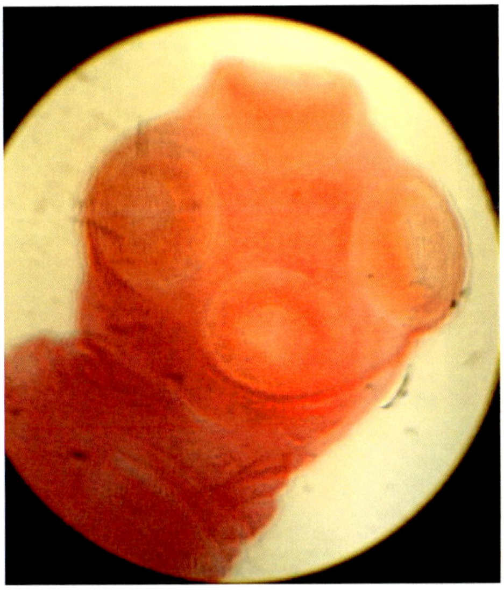

彩图 45 猪带绦虫头节

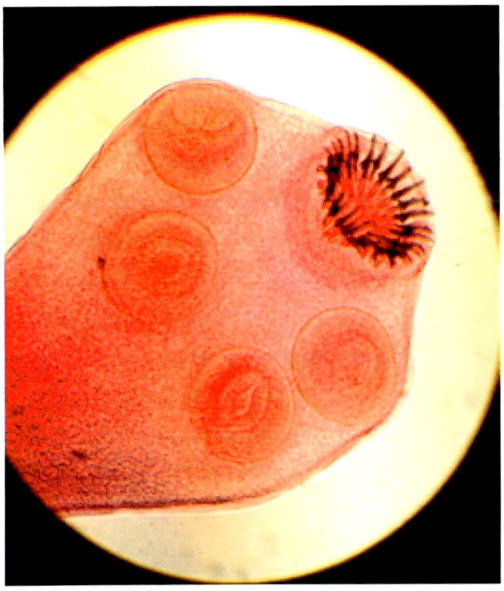

彩图 46 牛带绦虫头节

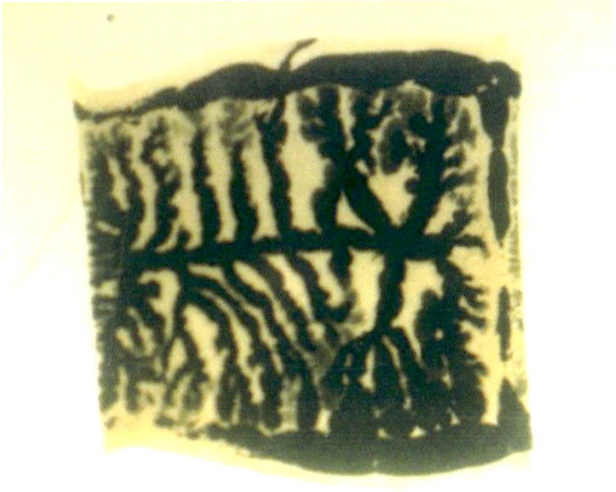

彩图 47 猪带绦虫孕节

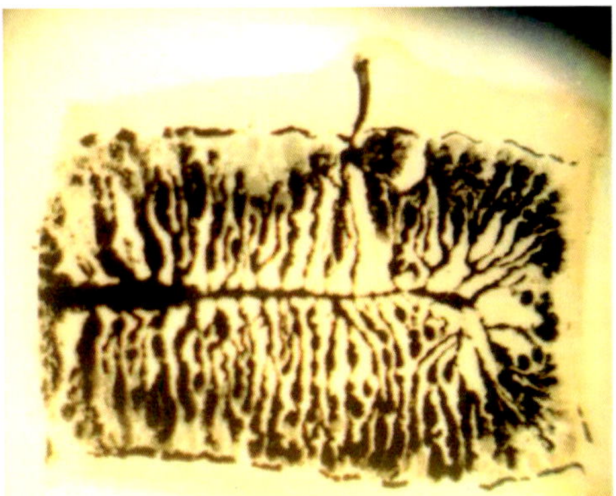

彩图 48 牛带绦虫孕节

彩图 49 猪囊尾蚴

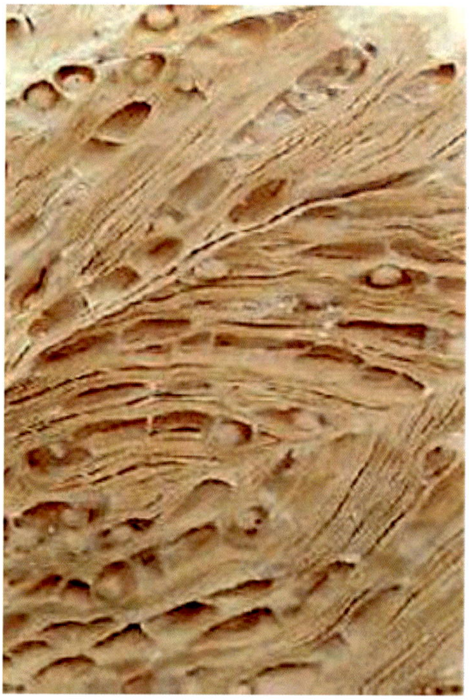

彩图 50 米猪肉

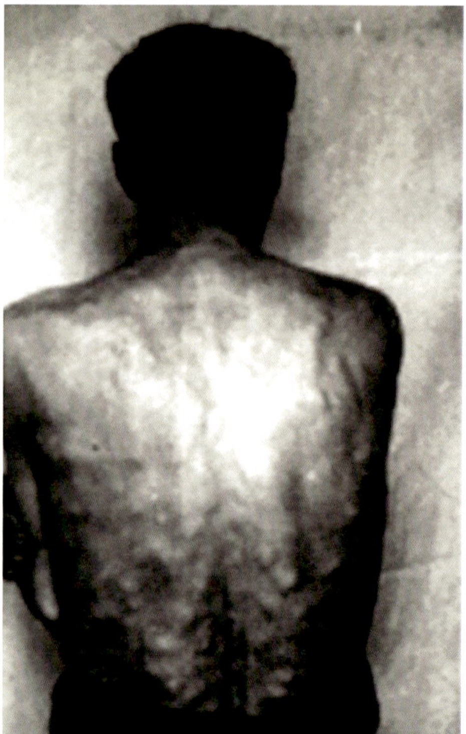

彩图 51 皮下囊虫

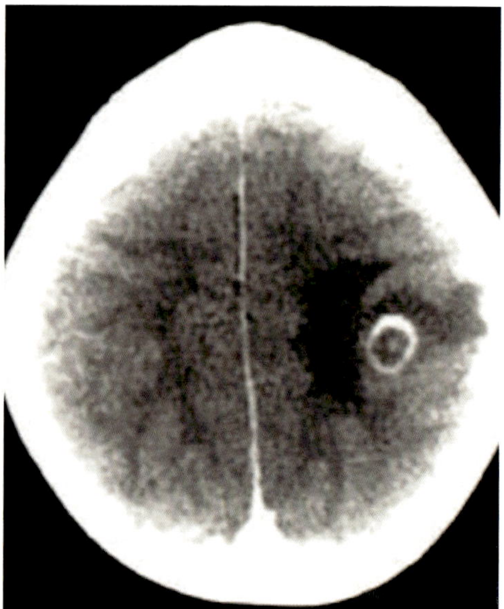

彩图 52 脑囊虫 CT 片

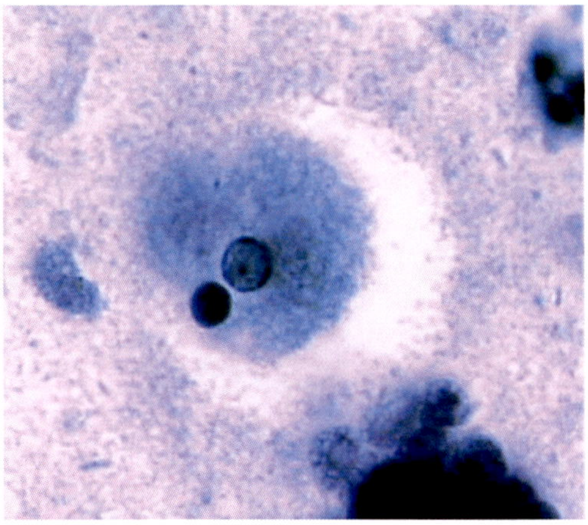

彩图 53 痢疾阿米巴滋养体

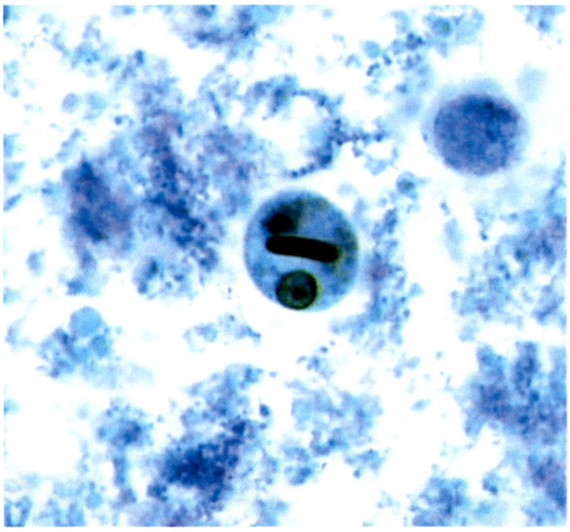

彩图 54 溶组织内阿米巴包囊

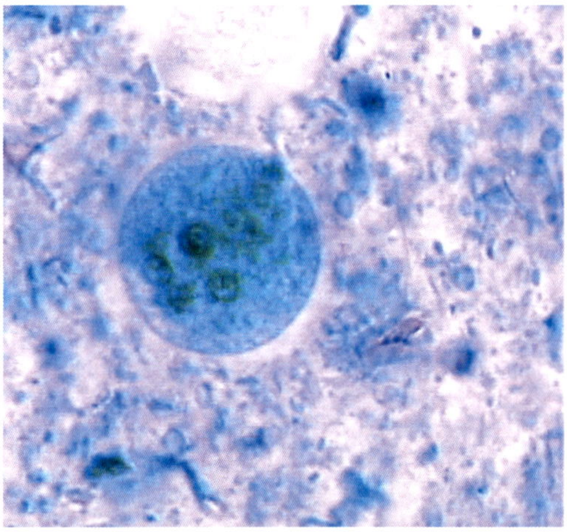

彩图 55 结肠内阿米巴包囊

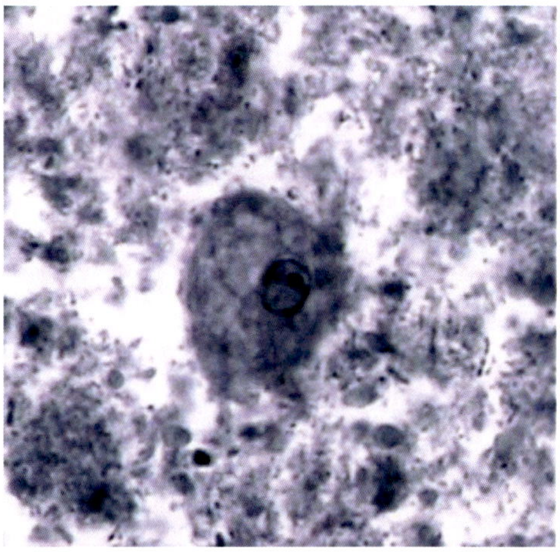

彩图 56 结肠内阿米巴滋养体

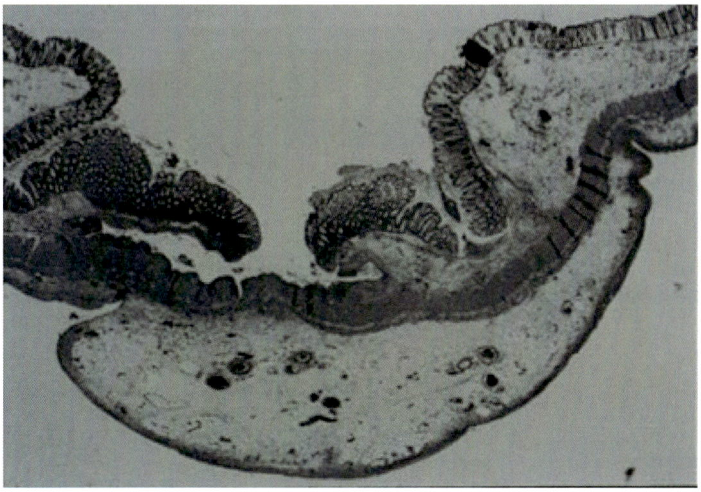

彩图 57 烧瓶样溃疡

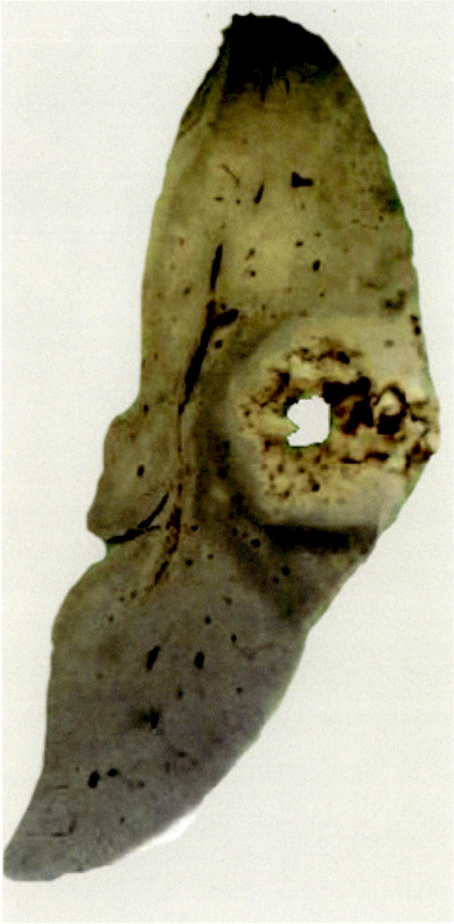

彩图 58 阿米巴肝脓肿

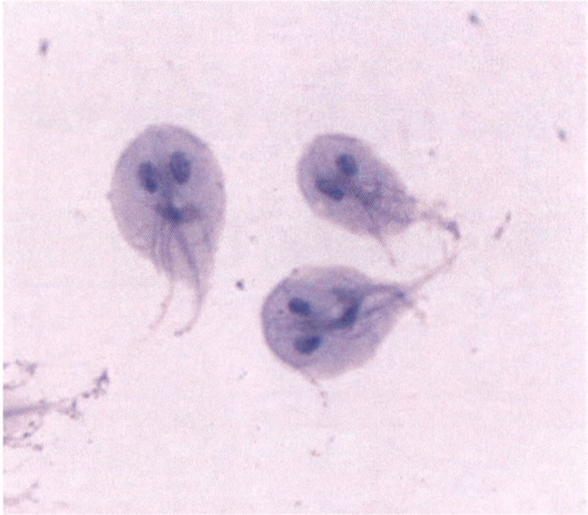

彩图 59 贾第虫滋养体

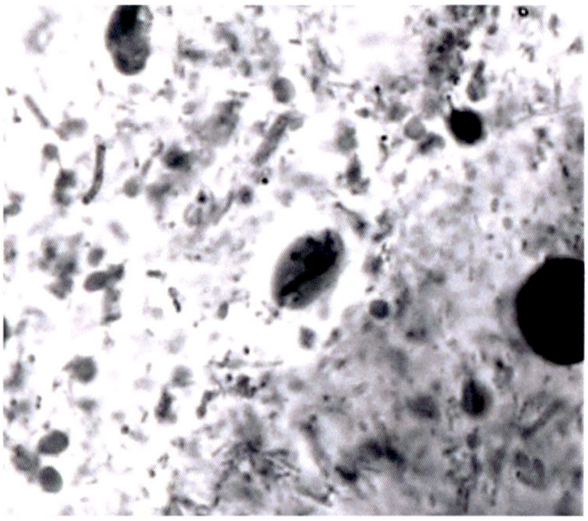

彩图 60 贾第虫包囊

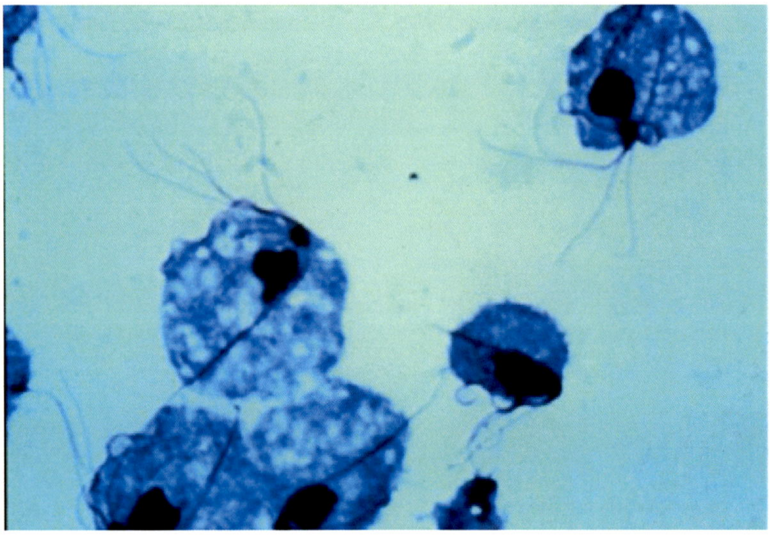

彩图 61 阴道毛滴虫滋养体

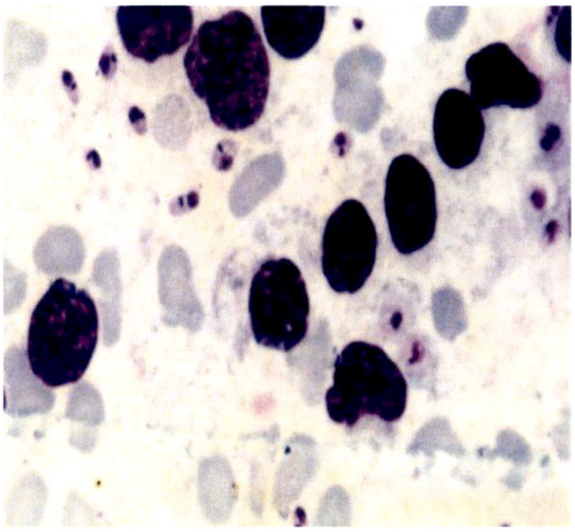

彩图 62 杜氏利什曼无鞭毛体

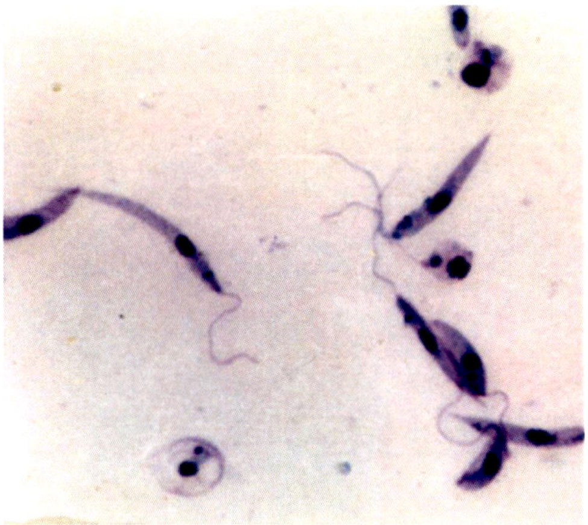

彩图 63 杜氏利什曼前鞭毛体

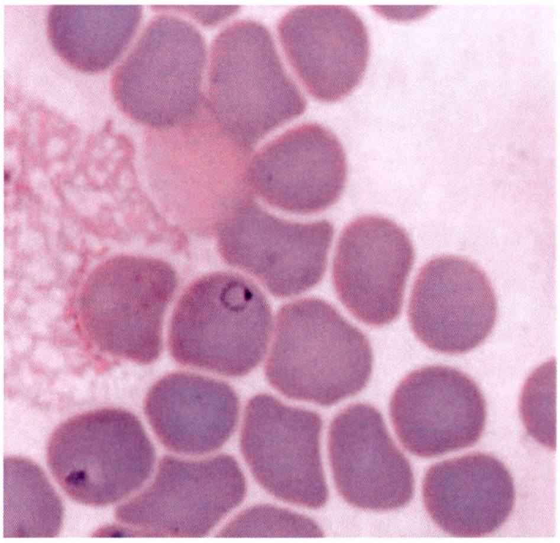

彩图 64 薄血膜间日疟环状体

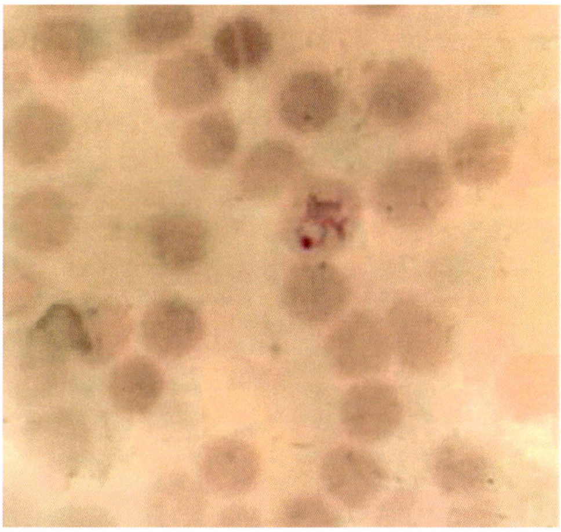

彩图 65 薄血膜间日疟大滋养体

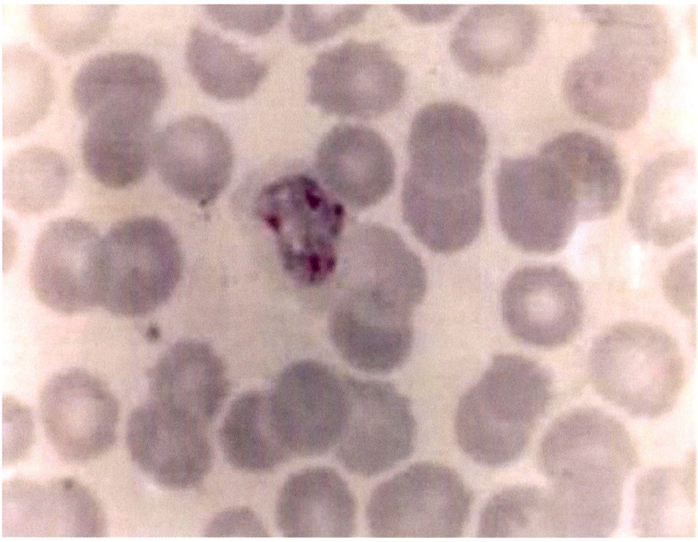

彩图 66 薄血膜间日疟未成熟裂殖体

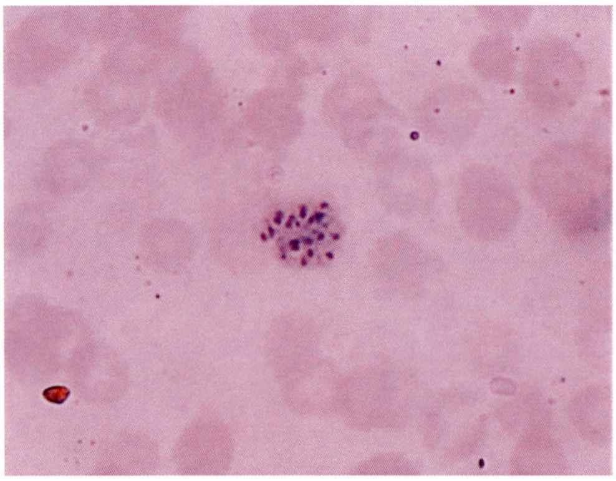

彩图 67 薄血膜间日疟成熟裂殖体

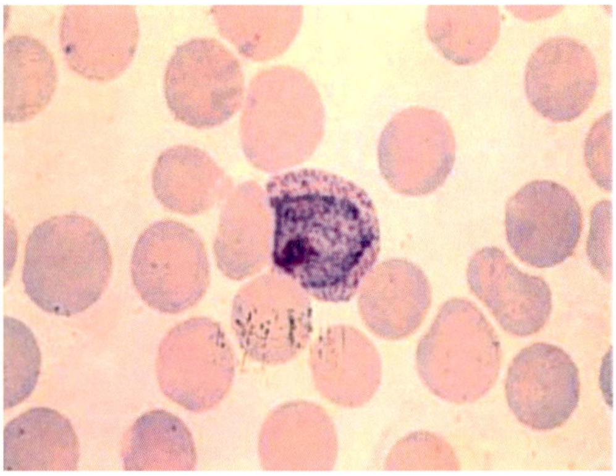

彩图 68 薄血膜间日疟配子体

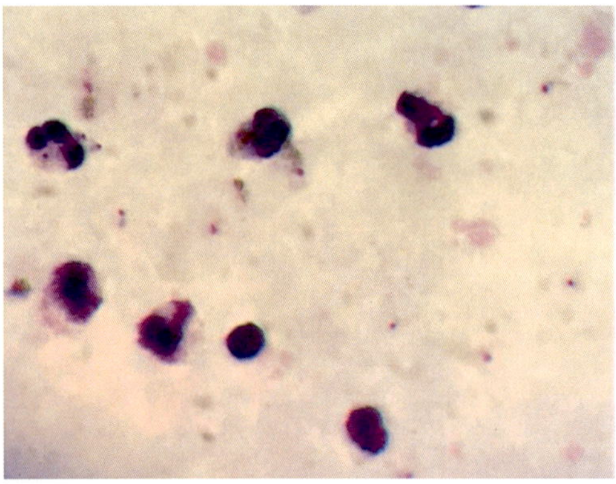

彩图 69 厚血膜间日疟环状体

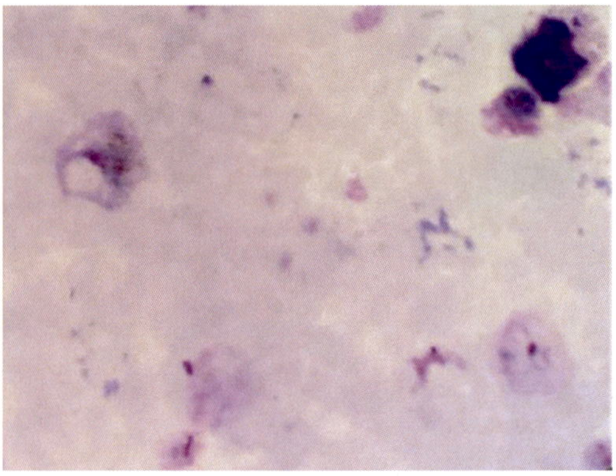

彩图 70 厚血膜间日疟大滋养体

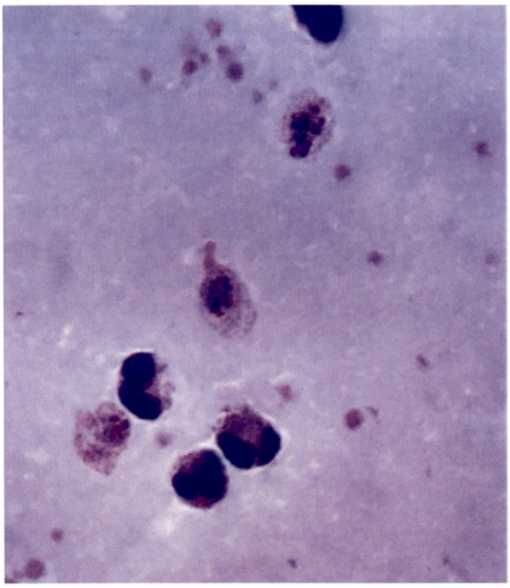

彩图 71 厚血膜间日疟未成熟裂殖体

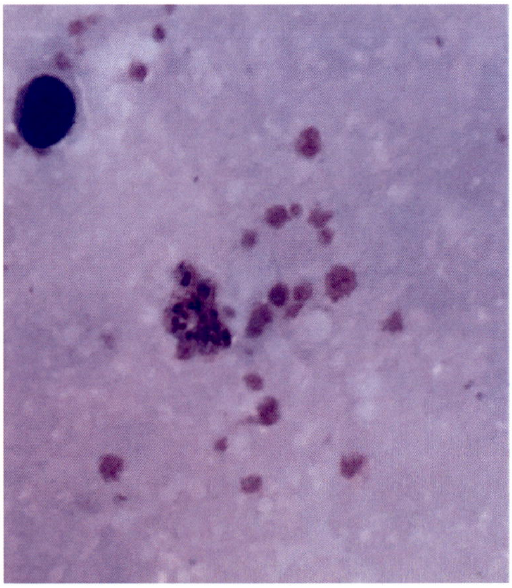

彩图 72 厚血膜间日疟成熟裂殖体

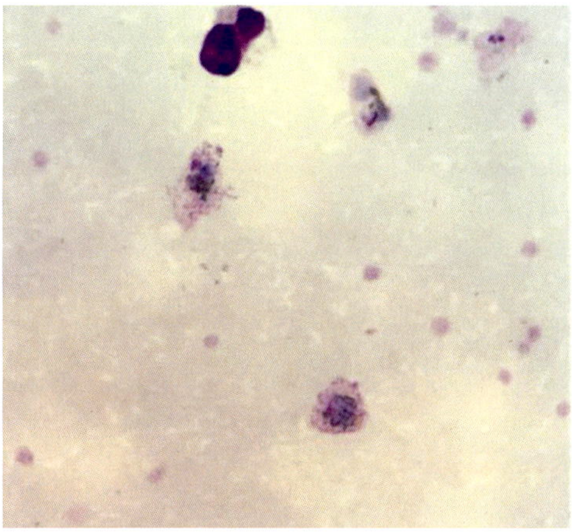

彩图 73 厚血膜间日疟配子体

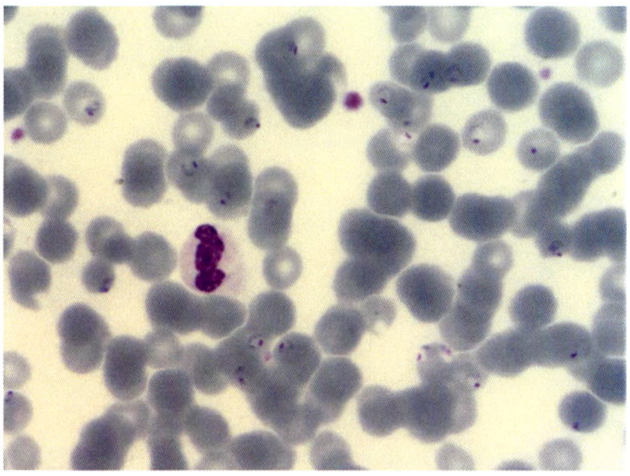

彩图 74 薄血膜恶性疟环状体

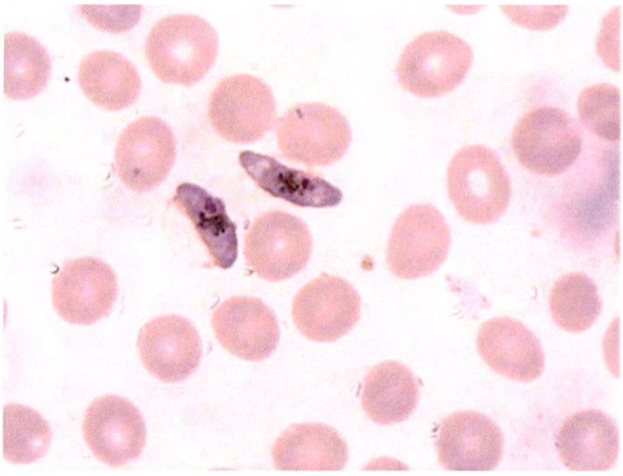

彩图 75 薄血膜恶性疟配子体

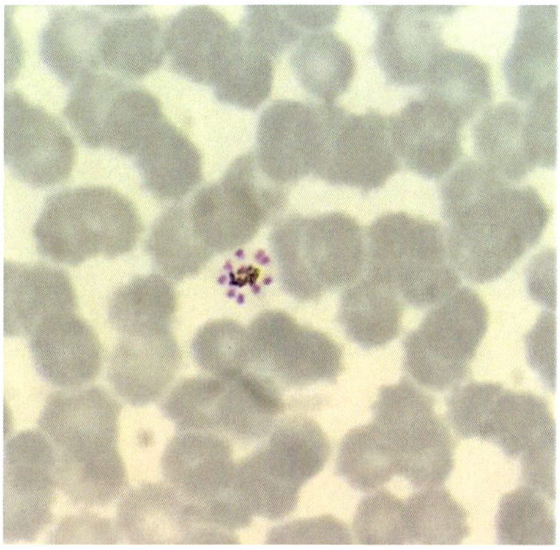

彩图 76 薄血膜三日疟裂殖体

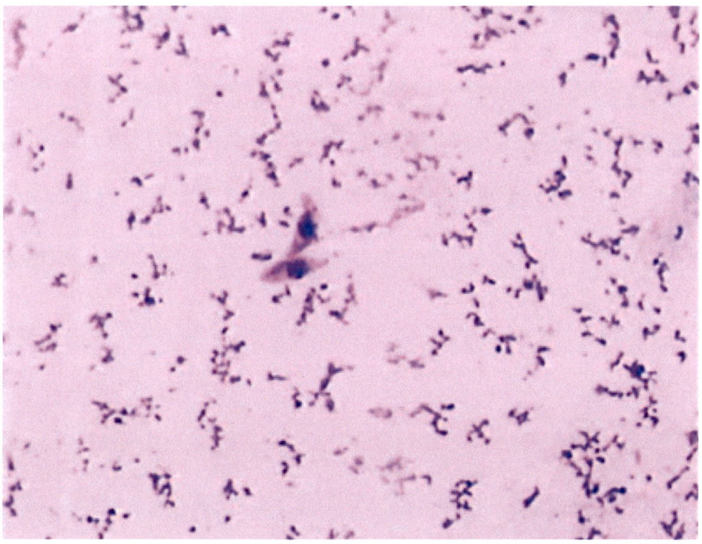

彩图 77 薄血膜弓形虫滋养体

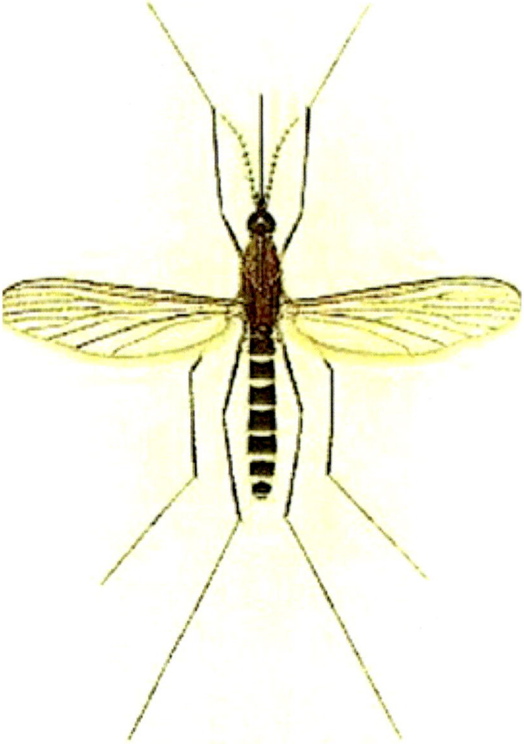

彩图 78 成蚊

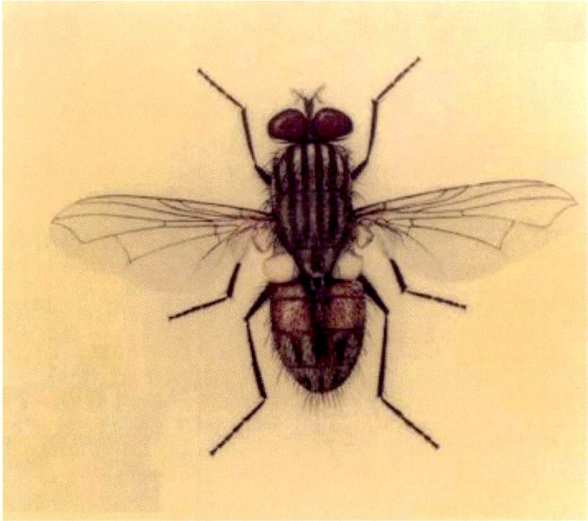

彩图 79 成蝇（饭蝇）

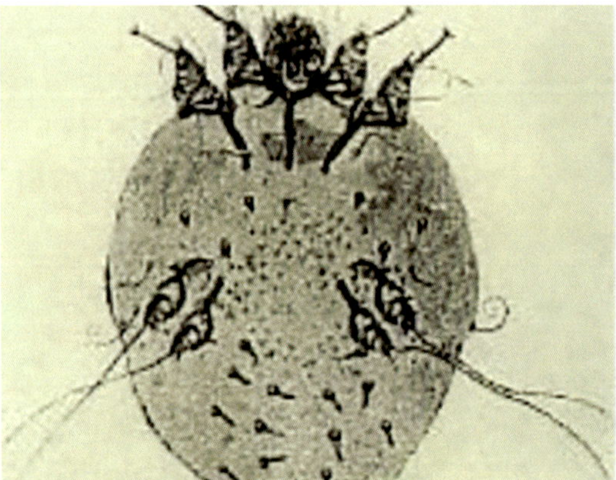

彩图 80 疥螨

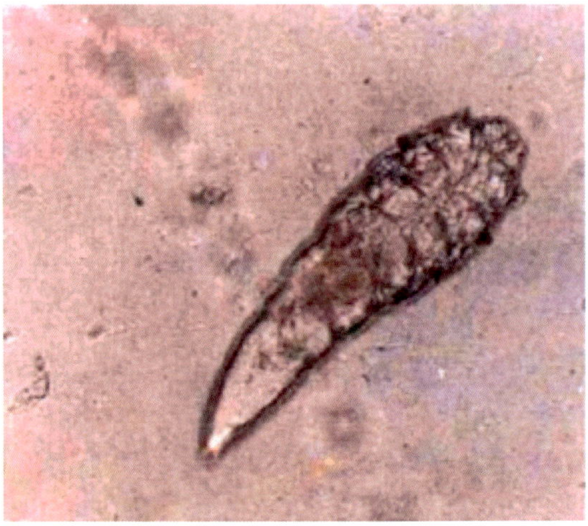

彩图 81 蠕形螨